Tous orateurs !

Groupe Eyrolles
61, bd Saint-Germain
75240 PARIS Cedex 05

www.editions-eyrolles.com

Des mêmes auteurs :

Cyril Delhay, *Promotion Zep. Des quartiers à Sciences Po,* Hachette Littérature, 2006

Cyril Delhay, Richard Descoings, *Un lycée pavé de bonnes intentions,* Robert Laffont, 2010

Chez le même éditeur :

Laurence Levasseur, *50 exercices pour parler en public*

Olivier Bettach et Pauline Klein, *Voilà ce que j'aurais dû dire !*

ISBN : 978-2-212-56266-8

Hervé Biju-Duval et Cyril Delhay

Tous orateurs !

EYROLLES

Sommaire

Partie 2 20 situations passées à la loupe

Introduction

On ne naît pas orateur, on le devient. En travaillant. L'objet de ce livre est de donner au lecteur la méthode et les outils pour que l'art oratoire ne reste pas un privilège de naissance lié à un mimétisme social ou à une plus ou moins grande aisance personnelle. Chacun, à condition de le vouloir et de travailler, peut devenir un bon orateur. Avec de la méthode, chacun peut trouver la confiance en lui et doit être capable de parler dix minutes sans micro devant une assemblée de 100 personnes, en étant compris et en tenant son auditoire en haleine.

Parler, c'est s'exposer. Ce livre est destiné à tous ceux qui souhaitent progresser rapidement dans leur prise de parole. Les règles fondamentales pour parler en public existent ; les méthodes pour développer ses capacités oratoires aussi. Elles sont vitales dans la vie étudiante, professionnelle et sociale. Maîtrisées, elles peuvent favoriser bien des succès lors des examens universitaires et lors de ces examens de tous les jours que sont les prises de parole en milieu professionnel.

Pourquoi tant d'étudiants et de professionnels se trouvent-ils démunis pour prendre la parole en public ? Parce que l'enseignement de la prise de parole est ignoré dans le système éducatif français. À tel point que l'école républicaine a établi dans ses objectifs fondamentaux « savoir lire, écrire et compter », mais non « parler en public ». On préfère l'élève écoutant docilement la parole du maître et absorbant les savoirs plutôt que celui qui débat et affronte l'écoute et le regard des autres. Le pouvoir de la parole, pourtant si nécessaire, a bien du mal à se partager.

Cet ouvrage est le fruit de plusieurs centaines de séminaires et séances d'accompagnement de dirigeants et de managers en milieu professionnel depuis plus de vingt ans et d'un enseignement sur les fondamentaux de la pratique oratoire, développé à Sciences Po depuis quinze ans. Cet enseignement a pour objectif de permettre à chacun de déployer l'orateur qui est en lui. Il prend la forme d'un séminaire-atelier où chacun travaille concrètement sur lui-même et peut constater les progrès qu'il accomplit. L'exigence pratique de cette pédagogie se retrouve dans l'organisation de ce livre qui, une fois les fondamentaux énoncés, fait la part belle aux points de méthode et d'entraînement et à l'analyse des mises en situation.

La première partie est consacrée aux fondamentaux, c'est-à-dire aux 20 principes qu'il faut connaître. Pour chaque chapitre, l'essentiel à savoir est expliqué en introduction. Des encadrés et des exemples historiques montrent des cas d'application utiles pour comprendre jusqu'où peuvent aller les enjeux concrets. Pour chaque thème abordé, des points de méthode et des exercices d'entraînement sélectionnés pour leur simplicité et leur efficacité sont proposés.

Les chapitres sur les 20 principes fondamentaux à connaître ont été conçus comme des fiches. Ils peuvent se lire l'un à la suite de l'autre comme indépendamment les uns des autres, en fonction des besoins ressentis par le lecteur.

Ils sont regroupés ainsi :

1. ce qui concerne la préparation, « Avant de parler » ;

2. ce qui est au cœur de l'action oratoire, « Au moment de parler » ;

3. ce qui correspond à un travail personnel de longue haleine, « Avant, pendant, après ».

La prise de parole en public met chacun au pied du mur. La seconde partie de l'ouvrage détaille et analyse 20 situations de la vie professionnelle et sociale. Parler à la tribune ou en face à face, féliciter ou faire des reproches, négocier, animer une réunion, répondre à une interview..., autant de cas courants qui peuvent fonctionner comme des pièges aux conséquences redoutables. Les auteurs ont souhaité donner au lecteur les repères et les outils indispensables pour éviter les chausse-trapes de chacune de ces prises de parole et rendre accessibles les techniques éprouvées. La seconde partie prolonge ainsi la première en allant encore plus loin dans l'analyse du concret.

Dans l'art oratoire, tout se travaille ! Tout est possible pour qui est prêt à s'entraîner. Les principes à connaître sont des fondations pour ceux qui veulent construire sur du solide. Les principes et les conseils ne sont pas des recettes.

C'est ensuite à chacun de développer son art singulier, de personnaliser ses méthodes, car parler, c'est aussi gouverner, c'est-à-dire orienter.

Les auteurs ont interviewé en exclusivité pour cet ouvrage une vingtaine de personnalités. Douze entretiens plus intimement liés au propos du livre y ont été insérés afin que le lecteur puisse en apprécier le cheminement particulier et la richesse. Les autres témoignages ont permis de nourrir de citations utiles, de réflexions et d'analyses de cas les différents chapitres.

C'est le choix des auteurs de n'avoir pas seulement interrogé les professionnels les plus évidents de la prise de parole que sont des journalistes, des dirigeants d'entreprise ou des avocats. L'art oratoire est avant toute chose un art de la scène. C'est aussi un art à la croisée de différents arts, celui du comédien bien sûr, mais aussi celui du chanteur, du mime, du compositeur, du danseur, de l'écrivain... Cette richesse est rarement saisie avec ses subtilités. Pour en rendre compte, des artistes ont bien voulu partager leur réflexion sur l'art de parler, nourrie de leur pratique et de leur œuvre. Le lecteur pourra ainsi bénéficier des analyses d'artistes aussi divers que le danseur étoile Nicolas Le Riche, le compositeur Jean-Michel Jarre, le chanteur Alain Souchon ou encore l'humoriste Anne Roumanoff...

Les auteurs ont également souhaité associer à cet ouvrage l'équipe avec laquelle ils partagent la responsabilité de ces formations à Sciences Po. Les maîtres de conférences, tous divers dans leurs parcours et chacun pointu dans ses domaines de recherches, développent ensemble une même vision pédagogique et enrichissent mutuellement leur pratique de l'enseignement. Ils ont bien voulu partager leur expérience et leur expertise transmises dans l'ouvrage par des citations, des entretiens mais aussi des points de méthode jugés particulièrement nécessaires.

Partie 1

Les 20 fondamentaux de la prise de parole

Avant de parler…

Une prise de parole se prépare comme une épreuve sportive. On peut s'y entraîner dès l'enfance, parfois sans même en avoir conscience. Le temps de préparation est comme la partie immergée de l'iceberg, on ne la voit pas, mais c'est la plus importante. Préparer ne garantit pas la réussite de l'intervention orale. Ne pas préparer maximise le risque d'échec. On ne cesse de se préparer tout au long de la vie et on se concentre pour chaque intervention ponctuelle, en bénéficiant des fondations construites sur le long terme et des strates d'expériences accumulées. Pour chaque intervention orale, une part décisive de la préparation passe par la conscience de son corps, qui est notre instrument oratoire, et par la conscience des autres, qui sont la finalité de l'acte oratoire. De quoi surprendre notre tendance à l'hyper-rationalité qui nous laisserait penser que l'expertise strictement intellectuelle se suffirait à elle-même. Art de la scène où l'acteur assume son propre rôle, la parole est aussi l'expression de la pensée de celui qui parle. Ainsi, l'orateur est dépositaire d'une immense liberté : être à la fois l'auteur, le compositeur, le chef d'orchestre et l'interprète de sa parole… Et d'un immense paradoxe : lorsque je parle, l'autre écrit une partie de la partition.

Parler… aux autres

« La parole est à moitié à celui qui écoute,
et à moitié à celui qui parle. »
Montaigne

Le premier objectif lorsque je parle est l'autre. Le schéma classique de la communication – un émetteur qui émet, un récepteur qui reçoit et reformule – est fondamental. Il établit clairement l'importance de l'autre dans la communication. Une fois cela énoncé, commence la difficulté. C'est parce que l'autre est le premier objectif de ma prise de parole qu'il s'agit d'un art et d'une pratique personnelle à construire et à affiner au fil du temps.

Schéma de la communication, émetteur-récepteur

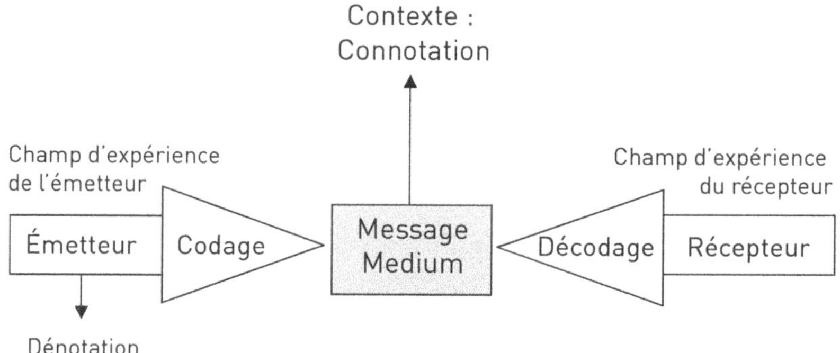

Savoir ce que l'on veut dire, ce que l'autre entend, ce qu'il met en œuvre…

Ce schéma de la communication peut aussi faire des ravages si l'on en fait une lecture simpliste. Le statut du récepteur peut en effet fonctionner comme un piège. L'autre n'aurait pour fonction que de recevoir ou d'écouter. On a pu dire de ce schéma qu'il était télégraphique au sens où le message irait d'un point vers un autre, ou balistique au sens où l'on envoie une balle vers quelqu'un ! La communication ne se ferait que dans un sens. On croit maîtriser la chose, et on ne maîtrise rien.

Si c'était si simple, la communication serait sans faille.

Les ratés de la communication font partie de la communication. On n'imagine pas une course de haies sans haies ; il ne faut pas davantage concevoir la communication sans ses risques et ses lacunes. Une bonne communication commence par la conscience des risques, des ratés inhérents à toute prise de parole ! « Les malentendus sont la chose du monde la mieux partagée. »

Le premier point de difficulté réside bien dans l'interprétation du message par le récepteur, sachant qu'il peut il y avoir différence d'interprétation... ou divergence d'intérêt.

Les expressions du type : « Vous voyez ce que je veux dire », « C'est pourtant simple ! », « Moi, je me comprends », surgissent d'autant plus facilement dans une discussion que l'on ne se sent pas clair et lorsque l'on devine que l'autre ne comprend pas ce que l'on voudrait qu'il comprenne et n'est pas sur la même longueur d'onde. Elles sont le signe d'une approximation dans l'échange, d'une écoute seulement partielle, de la part de l'émetteur, de ce qui se passe en l'autre.

Une étape plus loin, le « schéma des pertes » aide à visualiser les insuffisances liées à toute situation de communication. Il rappelle qu'une bonne communication n'est pas innée, que cela se travaille et demande une vigilance constante.

Ce schéma se présente de la manière suivante :

ce que je voudrais dire
ce que je dis vraiment
ce que l'autre entend
ce qu'il perçoit
ce qu'il retient
ce qu'il met en œuvre

De la parole de l'émetteur jusqu'à la mise en œuvre par le récepteur, le destinataire peut fréquemment ne retenir que 10 % de ce qui a été dit initialement...

Partager

Communiquer, c'est partager. L'intelligence de ce que le récepteur perçoit ou pourrait percevoir, c'est tout le travail de pédagogie, d'attention à l'autre, inhérent à l'échange, à l'enseignement, à l'apprentissage, au dialogue, à la transmission de consignes, bref à la communication.

L'orateur gagne ainsi à avoir le schéma des pertes à l'esprit et à ne pas perdre de vue que la communication se déroule à trois niveaux :

- *celui du contenu*, c'est-à-dire le message échangé ;
- *celui de la relation et de son contexte* ; la relation avec le ou les auditeurs peut avoir une influence positive ou négative sur la communication ; le contexte, le lieu et la fonction d'où je parle sont eux-mêmes porteurs de signe et de sens ;
- *celui de l'interprétation* par le récepteur.

La vision du schéma émetteur-récepteur est infiniment plus subtile qu'il n'y paraît au premier abord. À une vision télégraphique de ce schéma, due à des ingénieurs télégraphes américains dans les années 1940, succède une conception circulaire où les notions d'interprétation, de rétroaction ou feed-back deviennent décisives.

La prise de parole est faite non seulement des mots que l'on prononce, mais également des messages non verbaux émis par l'émetteur et le récepteur pendant la communication verbale. Elle est faite aussi de ce que l'autre reçoit, perçoit et retient.

Les questions à se poser

Il est ainsi utile de se poser les questions suivantes *(cf. « Se poser les six questions incontournables », p. 28)* :

- dans quel état d'esprit la prise de parole est-elle attendue ?
- quel est le contexte de mon intervention : favorable, défavorable, indifférent ? Quelles interventions ont précédé ? Lesquelles suivront ?...
- à quel moment aura-t-elle lieu : le matin à 8 heures, avec des personnes

inégalement réveillées, arrivant en retard ; à 12 heures, avant la pause déjeuner, avec des auditeurs qui seront en hypoglycémie ; à 15 heures, au moment du coup de barre de la digestion ; à 17 heures, quand le cerveau regagne en attention ?

- quelle sera sa durée : 2 minutes, 10 minutes, 1 heure ?
- dans quel espace ? dans quel lieu ? Une salle polyvalente mal éclairée, le salon feutré d'un cinq étoiles, un grand amphithéâtre, une place publique ?
- quelle est la configuration du lieu ? Une salle vaste ou resserrée ? Pleine, à moitié vide ou vide ? Quelle est ma place par rapport à celle de l'auditoire : suis-je sur une tribune ? assis au même niveau ? suis-je visible par tous ? audible par tous ? *(cf. « Être à l'écoute de l'auditoire », p. 109)*
- quel est le décor du lieu et son éclairage. En une formule, les mots que j'emploie mais aussi tout ce qui est en dehors des mots, le non-verbal *(cf. « Faire parler le non-verbal », p. 38),* ont leur importance !
- qu'a-t-on retenu de mon intervention ? Quels commentaires en a-t-on fait ?

Communication et technologies de l'information et du numérique

La conception circulaire de la communication se nourrit du rôle dynamique désormais dévolu à celui qui n'était considéré que comme un récepteur passif. C'est la génération Web : le récepteur est aussi émetteur. Sur le Web, le récepteur intervient, poste des commentaires, sous forme d'images et de textes que l'émetteur est à son tour amené à prendre en compte.

Les évolutions récentes des nouvelles technologies de l'information permettent de retrouver la règle ancienne de l'indispensable interaction avec l'auditoire ou les interlocuteurs. Règle que connaissent bien les orateurs depuis l'Antiquité ou l'enseignant dans sa classe.

Si les technologies de l'information et du numérique suscitent davantage de nouvelles interactions sociales, ce n'est pas parce qu'elles sont mobilisées par celui qui parle, qu'elles garantissent une bonne interaction. L'usage du micro, du téléphone, de la visioconférence, du Net ou plus simplement d'un diaporama sont un tombeau à l'oral pour celui qui s'en sert sans discernement.

Le moment oratoire se construit non seulement avec l'autre pour objectif mais aussi avec les autres. Même si le texte initial est composé par l'orateur, il n'est pas l'objectif. Ce qui compte, c'est le texte au moment où il est énoncé, et ceux qui l'écoutent, les autres, participent à l'écriture de ce texte-là. L'orateur et son public constituent un tout organique.

Être disponible aux autres tout au long du moment oratoire implique la nécessité de préparer avant et de travailler l'attention à la fois au contenu et à l'auditoire.

De la difficulté de parler à un plus petit que soi

Une conversation captée sur le canal 106, fréquence des secours maritimes de la côte finistère (Galice) entre des Galiciens et des Nord-Américains le 16 octobre 1997.

Galiciens (bruit de fond) : Ici le A-853, merci de bien vouloir dévier votre trajectoire de 15 degrés au Sud pour éviter d'entrer en collision avec nous. Vous arrivez directement sur nous à une distance de 25 milles nautiques.

Américains : Nous vous recommandons de dévier vous-même votre trajectoire de 15 degrés Nord pour éviter la collision.

Galiciens : Négatif ! Nous répétons : déviez votre trajectoire de 15 degrés Sud pour éviter la collision.

Américains (une voix différente de la précédente) : Ici le capitaine ! Le capitaine d'un navire des États-Unis d'Amérique. Nous insistons, déviez votre trajectoire de 15 degrés Nord pour éviter la collision.

Galiciens : Négatif ! Nous ne pensons pas que cette alternative puisse convenir, nous vous suggérons donc de dévier votre trajectoire de 15 degrés Sud pour éviter la collision.

Américains (voix irritée) : Ici le capitaine Richard James Howard, au commandement du porte-avions USS Lincoln, de la Marine nationale des États-Unis d'Amérique, le second plus grand navire de guerre de la flotte américaine. Nous sommes escortés par 2 cuirassiers, 6 destroyers, 5 croiseurs, 4 sous-marins et de nombreuses embarcations d'appui. Nous nous dirigeons vers les eaux du golfe Persique pour préparer les manœuvres militaires en prévision d'une éventuelle offensive irakienne. Nous ne vous suggérons pas, nous vous ordonnons de dévier votre route de 15 degrés Nord. Dans le cas contraire, nous nous verrions obligés de prendre les mesures qui

s'imposent pour garantir la sécurité de cette flotte et de la force de cette coalition. Vous appartenez à un pays allié, membre de l'OTAN et de cette coalition, s'il vous plaît obéissez immédiatement et sortez de votre trajectoire.

Galiciens : C'est Juan Manuel Salas Alcantara qui vous parle, nous sommes deux personnes, nous sommes escortés par notre chien, par notre nourriture, deux bières et un canari qui est actuellement en train de dormir. Nous avons l'appui de la radio de La Corogne et du canal 106 « Urgences maritimes ». Nous ne nous dirigeons nulle part, dans la mesure où nous vous parlons depuis la terre ferme. Nous sommes dans le phare A-853, au finistère de la côte de Galice. Nous n'avons pas la moindre idée de la position que nous occupons au classement des phares espagnols. Vous pouvez prendre toutes les mesures que vous considérez opportunes car nous vous laissons le soin de garantir la sécurité de votre flotte qui va se ramasser la gueule contre les rochers ! C'est pour cela que nous insistons à nouveau et vous rappelons que le mieux à faire, le plus logique et le plus raisonnable serait que vous obéissiez. Déviez votre trajectoire de 15 degrés au Sud pour éviter de nous rentrer dedans !

Américains (après un silence) : Bien reçu, merci.

Vrai ou pas ? Cette histoire teintée d'anti-américanisme fait le tour du monde sur le Web depuis plusieurs années. À l'origine, il s'agissait sans doute d'une blague qui aurait donné lieu à un film publicitaire, puis aurait été transcrite sur la Toile et alors présentée « comme une conversation réelle », sans que les internautes sachent dès lors distinguer le vrai du canular...

Méthode

1. Avant une intervention, je pense à tout ce qui va faire signe lorsque je parlerai. J'en note la liste sur une feuille.

2. Je mémorise mon intervention pour être disponible à l'auditoire.

Les Latins appelaient cela *Memoria*. L'objectif n'est pas de réciter ensuite son discours, mais d'être suffisamment libéré de son texte pour être présent à ceux qui m'écoutent.

Deux méthodes :

- mémoriser les idées. D'abord le début et la fin. Cela va toujours mieux quand on sait où l'on veut aller... Puis apprendre les idées force, avec leurs exemples et les transitions entre les idées force. Il faut attacher une attention particulière aux transitions si souvent négligées. Qu'est-ce que qui me fait passer d'une idée à l'autre ? Le rôle des transitions est aussi important dans un discours que celui des articulations dans le corps humain. Une astuce : quand on a du mal à se souvenir d'un texte, c'est souvent parce que ses transitions ne sont pas bonnes ; c'est à prendre en compte comme un symptôme. Ne pas hésiter alors à revoir sa structure ; une fois que j'ai mémorisé mon texte, je peux réaliser une fiche aide-mémoire avec mots clés, idées force, exemples et transition. Je ne prendrai la peine de rédiger que l'introduction (pour être sûr de mon début) et la conclusion (pour finir comme je le veux) ;
- visualiser son discours sous la forme du plan de son appartement ou de sa maison (très utile pour ceux qui ont une mémoire visuelle). C'est une technique qui remonte à plus de deux mille ans ! Ainsi, par exemple, l'entrée devient l'introduction, la cuisine à droite, la première partie, le séjour, la partie principale et ainsi de suite...

3. Tirer les leçons d'un discours pour la fois suivante : la préparation est continue !

Le feed-back : après une allocution, je me remémore mentalement les différentes réactions de la salle, en distinguant les différents moments. Je les note. Je peux m'aider au besoin en interrogeant des participants.
Je suis vigilant : c'est la réponse reçue ou l'action effectuée qui donne son sens à la communication. La communication est réussie lorsqu'elle a produit un impact, un effet correspondant à ce que l'on souhaitait.

La reformulation ou comment réduire le risque de malentendu

Lorsque je parle à des interlocuteurs et que je donne des indications, je veille à ce qu'ils reformulent ce que j'ai énoncé avec d'autres mots que ceux que j'ai employés.

Réciproquement, lorsque l'on me demande quelque chose, je veille à reformuler avec mes propres mots ce qui m'a été prescrit, au besoin en apportant mon propre complément d'information.

Pourquoi la reformulation est-elle difficile ? Au-delà du « c'est pourtant simple » proche du niveau zéro de la communication, si l'on rechigne souvent à faire reformuler dans le détail, c'est soit parce que l'on est dans l'urgence, soit parce que l'on ne conçoit pas combien la communication est un travail permanent de tissage et de maillage, soit encore pour ne pas blesser l'autre : « Il va mal le prendre de devoir reformuler des consignes simples », ou « il va considérer qu'on le sous-estime, qu'on ne lui fait pas confiance... »

Il est donc important, au sein de tout binôme, équipe ou groupe qui aura à communiquer et à travailler ensemble, d'anticiper, c'est-à-dire d'évoquer à froid, avant que cela ne se produise, le fait que l'on va pratiquer la reformulation et donc demander au récepteur de redire avec ses mots et dans le détail ce qui lui a été transmis.

Cela signifie que ce que dit l'émetteur n'est pas coulé dans le bronze de sa seule compréhension. Seul compte ce que l'autre reçoit, perçoit et, le cas échéant, met en œuvre. La carte n'est pas le territoire : pour l'un, les choses peuvent paraître claires ; pour l'autre, il peut en aller différemment.

Se préparer

« Mes meilleures improvisations sont celles que j'ai le plus longuement préparées. »
Winston Churchill

Comme le premier objectif est l'autre, se préparer signifie se rendre disponible à l'autre et anticiper le moment de la prise de parole. C'est penser à tout ce qui pourra contribuer au succès de l'intervention orale. C'est aussi, sur le long terme, vaincre ses peurs éventuelles et travailler sur soi. C'est encore se nourrir des expériences, des rencontres, des lectures qui vont être le terreau de ses prises de paroles.

Se rendre disponible

En préparant et en me préparant, je me rends disponible au moment oratoire. Je maîtrise ce qu'il y a d'imposé dans le parcours. Cela me permet d'être disponible pour des figures libres et pour l'auditoire. Ainsi, je peux être dans le même instant que l'auditoire. Je suis disposé à ce que ceux qui m'écoutent participent à l'écriture de la partition de mon intervention. En me rendant disponible, je sors de ma bulle pour former un tout organique *(cf. « Parler... aux autres », p. 16)*. Parce que je me suis préparé, je peux m'investir dans la relation qui fait la qualité du moment oratoire.

« J'étais super timide. Pendant mes études, il y a eu un déclic. Je me suis dit : "C'est complètement con, tu vas passer à côté de ta vie..." Pour vaincre la timidité, il faut faire un boulot, manier l'émotion. Aujourd'hui, je parle sans problème et je suis meilleur que bien des collègues non timides, parce que, ayant conscience de ma timidité, j'ai bossé dix fois plus qu'eux. »

Jean-Claude Le Grand[1]

1. Vous trouverez en fin d'ouvrage une brève présentation des personnes interviewées.

Performances et contre-performances d'un grand orateur : Obama face à Romney en 2012

On ne naît pas orateur, on le devient. À force d'entraînement et de retour sur soi, de préparation et de confrontation. Une fois la maîtrise des compétences oratoires acquises, tout se rejoue cependant chaque fois.

Barack Obama en fit la douloureuse expérience en pleine campagne pour un second mandat présidentiel. Les 3, 17 et 23 novembre 2012, il doit affronter, lors de trois débats télévisés regardés par l'Amérique entière son challenger, Mitt Romney.

Le premier débat est catastrophique. Les sondages à l'issue du round donnent Barack Obama perdant et mis en difficulté dans la course aux présidentielles. Jusque-là, il était favori[1]. On a beaucoup glosé sur les causes de cet échec : Fatigue ? Manque de motivation ? Ce qui apparaît clairement à l'écran, c'est le manque d'engagement physique et de présence à l'auditoire. Obama est souvent mal ancré dans le sol *(cf. « Le premier pilier de la prise de parole, s'ancrer dans le sol », p. 76)*, le regard est flottant, tombe *(cf « Le quatrième pilier : poser un regard assuré et précis », p. 89)*. Le maître hésite et balbutie, la voix est souvent atone. Fatigue ou non, ce qui a manqué à l'athlète est manifestement un échauffement physique et vocal *(cf. «Trouver sa voix et passer la rampe », p. 56)*. Il est arrivé « à froid sur le ring ». Avant un débat comme avant une épreuve sportive, il faut mettre le corps en alerte à un niveau d'énergie bien supérieur au quotidien et faire agir le couple tonicité/disponibilité *(cf. « Faire du stress un allié », p. 70)*.Le coup de semonce est clair. L'orateur ne commet pas une deuxième fois l'erreur. Au second débat, debout devant un panel d'Américains, il est alerte, souriant et répond avec une distance ironique aux attaques de son adversaire. Corporellement, il est très présent, prêt à bondir, y compris lorsqu'il est assis sur son tabouret haut. Lors du troisième débat, les deux orateurs expérimentent la posture la plus délicate pour l'orateur, assis derrière une table. Tous deux mobilisent leurs ressources physiques et compensent admirablement cette difficulté de posture. Très présent physiquement, Obama ne lâche rien sur les contenus et fait valoir son avantage. À Romney qui déclare : « Notre ▶▶

1. Le sondage du Pew Center effectué du 4 au 7 octobre, au lendemain du débat, plaçait Mitt Romney en tête, avec 49 % des voix, contre 45 % à Obama alors que ce dernier était immanquablement donné vainqueur auparavant.

Marine n'a jamais été aussi réduite depuis 1917. Elle dit qu'elle veut 313 navires pour mener ses missions. Nous en sommes à 285 », Barack Obama se contente de répondre : « Je crois que le gouverneur Romney n'a peut-être pas passé assez de temps à regarder comment nos forces armées fonctionnent. Vous avez mentionné la Navy et le nombre inférieur de navires par rapport à 1916. Eh bien, gouverneur, nous avons également moins de chevaux et de baïonnettes parce que notre armée a changé. »

Méthode

Identifier ses points forts et ses points de progression

Durant trois à dix minutes, s'enregistrer devant une caméra, sur un sujet que l'on se donne, une histoire qui nous est arrivée et que l'on raconte ou encore un exposé. Regarder ensuite la prestation et analyser, si possible avec un coach ou à défaut une personne de son entourage qui pourra apporter un regard extérieur et distancié. Garder à l'esprit en visionnant la prestation que l'image amplifie les défauts et ne correspond pas à ce que l'auditeur voit dans le réel : elle propose un cadre particulier. Elle n'est donc qu'un outil, et plus une loupe qu'un miroir. Inutile donc de se faire peur en se regardant et en se disant « qu'on est nul ».

« À Sciences Po, je me souviens avoir préparé des oraux avec des coachs. On s'entraînait en passant devant une caméra, puis la vidéo était analysée. On pouvait se voir... Au début je ne voulais pas y aller. Je me disais : "Tu fais du théâtre, tu n'as pas besoin de t'entraîner pour passer un oral..." J'ai commencé par un 6,5/20. Je me suis entraînée... j'ai eu 9,5... Puis 14... Oh non, c'est trop 14, ça devait être 12,5... (rires) »

Anne Roumanoff

Se poser les bonnes questions

Quels sont les moments forts de l'intervention ? Quels sont ceux où l'on décroche ? *(cf. « Rythmer et rendre vivante son intervention », p. 48).*

Le propos est-il toujours clair ? audible ? *(cf. « Trouver sa voix et passer la rampe », p. 56)* Est-ce que je sais toujours ce que je veux dire ? Y a-t-il des mots parasites (bah, euh, donc, voilà, en fait, traînantes incontrôlées sur les syllabes...) ?

La présence physique est-elle engagée ? *(cf. « Être engagé dans sa prise de parole », p. 121)* Ai-je une bonne verticalité ? une bonne connexion corporelle ? une bonne présence du regard ? *(cf. « Le quatrième pilier : poser un regard assuré et précis », p. 89)*.

Se poser les six questions incontournables

> *« L'auteur est ce qui donne à l'inquiétant langage de la fiction, ses unités, ses nœuds de cohérence, son insertion dans le réel. »*
>
> Michel Foucault, *L'Ordre du discours*

Les questions incontournables sont celles auxquelles je dois systématiquement répondre sous peine de manquer une dimension importante de mon intervention. Le danger est de rester prisonnier de son vécu et, faute de repères, de manquer sa communication. Les questions incontournables donnent à la fois une méthode pour partir d'un cadre précis et les outils pour discerner ce qui fait que chaque intervention orale est différente d'une autre.

Avoir des questions pour boussole

Se poser les bonnes questions, c'est une méthode simple pour, à la fois, ne rien oublier d'essentiel dans le temps de la préparation et mettre à distance l'acte oratoire qui va avoir lieu. Cela permet de se déterminer, de se fixer des objectifs et de structurer ce que l'on va dire. Cela permet aussi de se préparer à être plus disponible à l'auditoire.

Les questions incontournables sont au nombre de six :

1. **Quoi ? Mon message ?** Qu'est-ce que je veux leur dire ? Quel est mon cœur de message ?

2. **Est-ce que je crois en ce que je dis ?** Suis-je convaincu par ce que je vais dire ?

3. **Qui sont-ils ?** Quel type de public : seniors, jeunes, syndicalistes, alliés, sceptiques, curieux, opposants, passifs, sans avis, déchirés, intransigeants,

irréductibles... Où en sont-ils sur le sujet que je vais aborder ? Que savent-ils ? Ont-ils besoin d'être rassurés, d'arguments, d'information... ? Quelle est l'importance de l'affaire en cours ? Quel sera l'état de mon auditoire au moment où je prendrai la parole ? Quel sera leur état psychique et physique au moment de mon intervention (début de journée, juste avant le repas, juste après... après plusieurs longues interventions...) ? Quel est le degré de proximité que je souhaite développer avec l'auditoire ? Quelles sont les attentes de ceux qui m'écoutent ?

4. **Quels sont mes objectifs ?** Que doivent-ils garder à l'esprit après mon intervention ?

5. **Quelles sont les conditions techniques** de l'intervention (éclairage, niveau sonore, espace) ? Y a-t-il un régisseur ou non ? De combien de temps est-ce que je dispose pour mon allocution ?

> « La première fois où je suis allé en Chine pour faire un concert, après la mort de Mao, les discussions ont duré presque une année. À chaque réunion, il y avait une quarantaine de Chinois. Après la pause, la réunion reprenait, mais ce n'était plus les mêmes quarante Chinois ! Nous n'avons jamais su qui avait pris la décision, côté chinois, mais nous n'avons pas touché à leur honneur, et personne n'a perdu la face. »
>
> Jean-Michel Jarre

6. **Quelle est la forme** de mon intervention. Top-down ? Directif ? Participatif ? Interactif ? Y a-t-il un temps pour des questions après mon intervention initiale ? Quelles pourront-elles être ? Quelle part de mon propos est-ce que je souhaite garder pour le moment des questions ?

Méthode

Les six questions, c'est pour s'en servir. Je les mémorise. Avant chaque intervention, je mets un mot de réponse en face de chacune. Après l'intervention, je me repose les six questions et vois si j'y réponds comme avant. S'il y a écart, j'en cherche les raisons et en tire les leçons pour la fois suivante.

Évaluer les autres, c'est une façon d'apprendre. Lorsqu'un autre intervient, je fais mentalement l'exercice à sa place et j'évalue son intervention orale à l'aune des six questions.

Partir d'une page blanche

Pour bien répondre au « qui ? ». Les différences de culture ou de sensibilité entre mes auditeurs et moi sont souvent sous-estimées. Il en va ainsi des différences culturelles liées à un pays d'origine qui, si elles ne revêtent pas la même importance d'un interlocuteur à l'autre, sont néanmoins à prendre en considération. Sans systématiser ni verser dans le cliché socioculturel, ce n'est souvent pas la même chose que de parler à un interlocuteur américain, turc ou nippon, bavarois ou zambien. Il faut pouvoir faire abstraction de ses propres présupposés et questionner les codes culturels de l'autre. Il en va ainsi lors des négociations. Un Américain pourra avoir tendance à aborder directement le sujet, au risque de paraître brutal. Les peuples latins, en France ou en Europe méditerranéenne, ont souvent l'habitude de prendre davantage de temps pour le contact initial, s'enquièrent en premier lieu de la santé ou de la situation personnelle de leur interlocuteur, prennent des détours, avant d'aborder le sujet. D'autres encore font de la qualité de cet échange initial – qui pourra durer des heures – l'essentiel de la rencontre et ne prendront plaisir à la négociation qu'en fonction de la qualité de l'échange interpersonnel initial. D'où l'importance de connaître les attentes de mon interlocuteur et les habitudes culturelles qui peuvent être liées à un pays d'origine, aux coutumes, aux pratiques religieuses, à l'origine sociale, à l'éducation... La « méthode de la page blanche », c'est accepter que ses propres codes culturels ne soient pas le seul référent, c'est être capable de les oublier, de partir d'une « page blanche » pour mieux aller vers l'autre.

Préparer un texte : le pouvoir du verbe

« *Au commencement était le Verbe.* »
Évangile selon saint Jean, *I,1*

L'enjeu est de pouvoir composer un discours efficace en diverses circonstances et de mobiliser les matériaux nécessaires facilement. À cette fin, chacun est amené à construire sa propre méthode au fil de ses expériences. C'est dire s'il s'agit de l'art de toute une vie. Il est des mots qui touchent, d'autres qui laissent indifférent ; il est des mots qui réconcilient, d'autres qui tuent. Dès lors que l'on parle en public, toute parole ne s'envole pas.

Préparer son discours en cinq étapes

J'ai un discours à composer et je ne sais trop par quoi commencer ? Voici la méthode de préparation classique, en cinq étapes principales :

1. Trouver quoi dire. Cette étape se partage en deux moments. Dans un premier temps, je laisse fonctionner mon imaginaire de façon libre et sans autocensure. Dans un second temps, je trie les idées qui me sont venues. Je précise ce que je veux dire et ce qui est essentiel. Quel est mon message ? Quel est mon cœur de message ?

2. Dans quel ordre le dire. Je compose mon discours, j'établis ses principaux moments et son architecture. Par quoi est-ce que je veux commencer ? Finir ? Vais-je faire des détours et utiliser des digressions ou au contraire aller droit au but ?

> « J'ai l'impression d'avoir la chance de dire des choses qui coïncident avec mes frères humains. Je ne fais pas exprès. Je marche beaucoup pour trouver des mots, les assembler, pour qu'ils aient un charme. Il y a aussi le plaisir d'agencer des mots qui vont avec des notes, le plaisir de faire, de trouver. »
>
> Alain Souchon

3. **Trouver les mots pour le dire** ; c'est la question du style qui dépend de ce que je veux dire, de comment je vais le dire et de l'auditoire ;

4. **Mémoriser le discours**, non pour pouvoir le réciter, mais pour s'en détacher et être disponible à l'auditoire ;

5. **Mettre en action le discours**, répéter les gestes, les intonations et le débit oratoire en envisageant parfois plusieurs options parmi lesquelles je choisirai en fonction de ce qui se passera dans l'auditoire au moment où je parle.

Préparer son discours, c'est préparer sa course : avant de passer les portes, le slalomeur répète, mémorise, visualise sa course, les yeux fermés, en simulant le passage de chaque porte avec la main.

« Un carquois rempli de flèches de tailles et de modèles variés »

Une entreprise majeure, complexe, délicate : la préparation des discours de l'un des plus grands orateurs du XXe siècle, seul chef d'État européen à résister victorieusement à Hitler en juin 1940, Premier ministre britannique pendant toute la Seconde Guerre mondiale, Winston Churchill. Sa capacité exceptionnelle à mobiliser a beaucoup dû à son éloquence.

Selon son biographe François Kersaudy, Churchill apprend ses discours par cœur, prévoyant les moindres enchaînements, les pauses, les mimiques et même les interruptions. Un art qui est le fruit d'un travail acharné. Churchill est en effet affecté d'un zézaiement marqué, qu'il s'entraîne chaque jour à corriger. Comme dans tout art de la scène, il s'agit cependant de faire oublier le travail de préparation : « Je passe sur tout le labeur que m'avait coûté la préparation du discours, et sur tous mes efforts pour dissimuler ce travail de préparation », confie-t-il dans sa biographie à propos de son premier discours à la Chambre des communes. Il vient d'être élu député conservateur. Nous sommes en 1901. Il a 26 ans : « Il me fallait essayer de prévoir la situation et d'avoir en réserve un certain nombre de variantes pour faire face à toute éventualité. J'arrivai donc avec un carquois rempli de flèches de tailles et de modèles variés, dont j'espérais que certaines au moins atteindraient leur cible[1]. »

1. Churchill, *My Early Life*.

Le triple pouvoir des mots

Les mots possèdent un pouvoir de représentation et un pouvoir d'évocation. À ces deux notions de représentation et d'évocation correspondent les notions de dénotation et de connotation utilisées par les linguistes.

La dénotation correspond à la relation première qui existe entre le mot et sa définition. Ainsi les mots vacances, congés, RTT, *free time*, week-end, loisirs dénotent tous la même réalité : ils représentent des moments de temps libre en dehors du temps de travail ; mais chacun d'eux a une connotation différente.

« Le silence, ça peut tuer... Quand on ne dit pas les choses... le fait de garder pour soi ce qui ne va pas... ça peut pourrir une relation. Parler permet d'avancer. On n'a qu'une vie. Le non-dit, c'est le pire... mais il faut trouver les mots pour le dire... »

Mimie Mathy

Les mots ont une force poétique, au-delà du sens littéral. La connotation, c'est l'ensemble des évocations, des suggestions, des associations que véhicule un mot dans un contexte donné. Les connotations reliées au vocabulaire sont multiples. On peut distinguer plusieurs types de connotations parmi lesquelles les connotations affectives, sensorielles, socioculturelles, fantasmatiques, artistiques et littéraires. La combinaison des mots entre eux donne un rythme et une résonance musicale. Les mots mettent en mouvement l'imaginaire et l'affectif. Le verbe est puissant ; il touche, émeut et fait rêver.

Les mots peuvent, enfin, être action : « Je vous déclare unis par les liens du mariage », « affaire conclue », « je vous aime »...

« La langue de bois, c'est la peur de dire. Entre ce que l'on est obligé de dire et ce qu'il est interdit de dire, il n'est plus beaucoup de marge pour dire des choses sincères. Par prudence, on se réfugie dans des généralités. C'est l'indice d'un discours qui ne veut rien dire de compromettant, ne pas assumer ses choix. »

Guillaume Perrault

Au-delà des mots justes, il y a les formules percutantes, celles qui sont susceptibles d'impressionner la mémoire du public, qui ont une vertu mobilisatrice et parfois en deviennent historiques.

À deux doigts de la défaite, les mots de la victoire

Clemenceau est chef du gouvernement français, nous sommes le 8 mars 1918. La situation est extrême : la Première Guerre mondiale dure depuis près de quatre ans et a fait des millions de morts. La Russie, l'alliée d'hier, vient de signer cinq jours plus tôt une paix séparée avec l'Allemagne. Non seulement l'issue du combat reste incertaine, mais la situation sur le front se dégrade de jour en jour. C'est dans ce contexte que Clemenceau, alors âgé de 76 ans, prend la parole devant la Chambre des députés avec une énergie redoutable : « Le vainqueur est celui qui peut, un quart d'heure de plus que l'adversaire, croire qu'il n'est pas vaincu : voilà ma maxime de guerre, je n'en ai pas d'autre. [...] Mon rôle est de maintenir le moral du peuple français à travers une crise qui est la pire de toute son histoire. [...] Ma politique étrangère et ma politique intérieure, c'est tout un. Politique intérieure, je fais la guerre : politique extérieure, je fais toujours la guerre. [...] La Russie nous trahit, je continue de faire la guerre. La malheureuse Roumanie est obligée de capituler : je continue de faire la guerre et je continuerai jusqu'au dernier quart d'heure. »

« S'ils ont faim, qu'ils broutent l'herbe »

À l'inverse, il est des formules malheureuses mais qui prouvent malgré elles la puissance du verbe. Notamment celle attribuée à Foulon, contrôleur général des finances, c'est-à-dire en charge de l'Économie et des Finances du royaume de France, début juillet 1789. Il aurait dit de la foule affamée : « S'ils ont faim, qu'ils broutent l'herbe [...]. Patience ! Que je sois ministre, je leur ferai manger du foin ; mes chevaux en mangent [...] »

Mal lui en prit. Quelques jours plus tard, la Bastille tombe. Foulon se fait passer pour mort mais est reconnu et arrêté à Paris, une semaine plus tard, le 22 juillet. Il est traîné dans la rue par une foule furieuse et pendu à un réverbère. Sa tête est ensuite tranchée et portée en procession dans Paris « livide et du foin dans la bouche[1]... »

1. En revanche, la repartie attribuée à la reine Marie-Antoinette, qui aurait dit à la même époque à l'intention des femmes du peuple, tout autant affamées : « Mais qu'on leur donne donc de la brioche ! » est sans doute un faux historique.

Méthode

Trouver quoi dire

Les grilles pour libérer la créativité. Sur un sujet donné, j'applique des questions systématiques qui vont m'aider à sortir des rails de ma pensée et libérer l'imaginaire.

Classiquement : qui ? Quoi ? Où ? Quand ? Comment ? Pourquoi ?

Je peux aussi utiliser des questions qui n'ont *a priori* pas grand-chose à voir avec le thème.

Par exemple, les cinq sens : sur un thème donné, quelles associations d'idées me viennent dans les domaines des cinq sens (toucher, odorat, goût, écoute, vue) ?

> « Quand on prépare, il ne faut pas être seul. En ce qui me concerne, j'ai besoin d'écrire, pour me mettre les choses en tête. Je regarde et construis le paysage général. Ensuite, je vais dans le cœur du sujet, avec images et anecdotes, car il faut que les gens se représentent les choses. »
>
> François Potier

Ou encore les contraires. Si je dois parler :

- de la beauté, j'évoquerai en contrepoint la laideur ;
- des films en couleur, j'évoquerai en contrepoint les films en noir et blanc.

Le fait de parler des contraires permet souvent d'approfondir un thème et de renouveler les points de vue.

Composer l'architecture du texte, en partant de la contrainte temps

Voici les principaux moments du texte : l'introduction, la captation de bienveillance, le cœur du message, le développement principal, les idées et leur argumentation, la conclusion.

En fonction du temps total, attribuer un temps donné à chaque moment du discours. Par exemple, pour un discours de sept minutes, deux minutes à l'introduction et à la captation de bienveillance, quatre minutes au cœur de message et au développement, une minute à la conclusion.

Choisir la clarté avant les effets de style

Je m'exerce à composer un texte avec des phrases simples et courtes, avec une seule idée par phrase. Je relis avec deux pensées pour guide : « Ce qui se conçoit bien s'énonce clairement et les mots pour le dire arrivent aisément » (Boileau, *Ars Poetica*) et : « Faisons aussi simple que l'on peut, mais pas plus » (Einstein).

Être un auteur exigeant

Je me méfie du politiquement correct, les trappes pour la pensée du discours ambiant et généralement admis.

> « Il faut savoir être simple dans l'écriture. Moi, avec un texte mortel, je vais emmerder les autres. Quel message ? Quelle priorité ? Avoir des anecdotes ? Combien de temps ? »
>
> Anne Roumanoff

Je me méfie de la langue de bois, parfois nécessaire pour éviter des conflits inutiles, souvent paresseuse, le moment où les mots ou les formules, à force d'être dits sans être investis de sens et d'émotion, paraissent creux, cessent de parler[1].

Être un auditeur attentif

L'écoute est analysée de façon précise dans *« Être à l'écoute de l'auditoire, p. 109 »*.

Je sais aller dans le sens de l'interlocuteur. J'entre dans une pensée, essaie d'aller aussi loin qu'il m'est possible pour la comprendre et la faire mienne, puis je la mets à distance et la critique.

Être un auditeur critique

Je garde à l'esprit les ressorts les plus répandus de la séduction rhétorique, le désir et la peur. Je suis capable de garder une distance critique.

1. Certains considéreront peut-être que ce conseil n'est lui-même pas exempt de langue de bois. Pour approfondir, deux ouvrages stimulants : *Une histoire de la langue de bois*, Christian Delporte, Flammarion, 2011 et *Langue de bois : Décryptage irrévérencieux du politiquement correct et des dessous de la langue*, Gilles Guilleron, First Editions, 2010.

Adopter le storytelling

Je transpose un discours d'idées en une histoire ou une anecdote. La narration se distingue de la preuve argumentée. Elle fait davantage appel à l'imaginaire et à l'émotion qu'à la raison. Elle met en scène des personnages, leurs relations, leurs objectifs et les obstacles qu'ils doivent surmonter pour les atteindre. Le message est implicite. C'est à l'auditeur qui devient partie prenante de l'argumentation de le reconstituer. C'est parce qu'il rend l'auditeur actif dans le propos que le storytelling est si efficace.

Variante : Je me présente sous la forme d'une fiche d'identité puis sous la forme d'une histoire que je raconte.

La méthode de... Hervé Pata

Chanter son discours

Pour voir si je peux poser sur le texte une mélodie et un rythme et ainsi vérifier que le texte est mélodieux et rythmique, un seul conseil : chanter son discours...

On peut choisir ses mots en fonction de la qualité harmonique des phonèmes[1]. Il y a en effet des syllabes qui arrondissent la voix ou qui vont l'éclaircir, d'autres qui vont la rendre plus anguleuse et acérée. Ainsi, « préférer » va entraîner vers les aigus. « Rantanplan » timbre davantage la voix. Quelqu'un qui a la voix trop aiguë doit faire d'autant plus attention au choix des phonèmes et des mots qu'il emploie et éviter les phonèmes qui amènent à l'aigu. Pour être explicite, un « o » va être plus timbré qu'un « i » ; un « i » lèvres en avant qu'un « i » lèvres en arrière.

1. Phonème (terme de linguistique) : bruit articulé, son articulé quelconque, voyelle ou consonne.

Faire parler le non-verbal

« L'importance du geste pour un orateur est déjà perceptible dans le fait qu'il peut tout signifier, ou presque, à lui tout seul, sans paroles. »

Quintilien

La conception de la communication où seuls les mots compteraient renvoie à une vision abstraite de l'homme, qui de façon purement intellectuelle émettrait ou recevrait les messages. La communication sert à créer du lien et du liant. Non seulement toute communication n'est pas strictement verbale, consciente et volontaire, mais en ouvrant ma conscience à tout ce qui communique en moi, en dehors de moi et parfois malgré moi, je me donne les moyens de mieux communiquer.

Être attentif à ce qui n'est pas texte

« Les jurés, il faut les convaincre avec la raison et le cœur. Le son de la voix est important, la décomposition du visage aussi. Elle est très importante pour exprimer l'indignation. J'ai vu ainsi Robert Badinter jeune et beau, le visage décomposé, dans des affaires où la mort était réclamée. »

Jean-Pierre Mignard

La distinction entre verbal et non-verbal concerne en premier lieu la distinction entre le texte de l'orateur et tous les signes qu'il émettra avec son corps. En 1967 et dans une étude pionnière à l'époque, Albert Mehrabian avait ainsi évalué que, dans une conversation, l'impact des mots était de 7 %, et celui du ton, du timbre et de l'intonation de 35 %, le langage du corps ayant une part prépondérante avec 55 %. Sans systématiser les chiffres proposés par ces travaux[1], l'attention doit ainsi être portée sur l'ensemble des signaux donnés par l'émetteur et qui participent à

1. Mehrabian insiste sur le fait que ces résultats ne sont valables que pour le cas précis de situation de face-à-face où l'émetteur communique sur son état d'esprit et ses sentiments.

l'échange. Le Canadien Philippe Turchet mène depuis une vingtaine d'années des études très stimulantes sur le langage des émotions et les outils pour décrypter les signes du corps[1].

Il y a les signes émis par le corps, le ton, le timbre, l'intonation, le débit, le sourire qu'aura l'orateur ou non, la qualité de ce sourire, sa présence à l'espace, l'éclat du regard, les gestes et les attitudes, le contact préalable que j'aurai eu avec ceux qui m'écoutent ou son absence. Sont aussi à prendre en compte les éléments de contexte, le décor, les supports utilisés (PowerPoint, etc.), l'éclairage, les vêtements, mais encore d'où je parle. Cela vaut pour la fonction que j'incarnerai aux yeux des auditeurs comme pour le positionnement physique (assis, debout, derrière un pupitre ou une table, ou au contraire ouvert à l'auditoire). La liste n'est pas exhaustive.

1. Le pionnier dans ce domaine avait été Darwin avec *L'Expression des émotions chez l'homme et les animaux*, édité en 1872. Pour aller plus loin, consulter utilement Philippe Turchet, *La Synergologie*, Pocket, 2010 et *Le Langage universel du corps*, Éditions de l'Homme, 2009.

Un demi-sourire pour une photo historique

George Stephanopoulos, alors conseiller du Président américain Bill Clinton, relate[2] la façon dont le chef d'État américain et lui ont préparé en 1992 la signature du traité historique entre le chef de l'Autorité palestinienne, Yasser Arafat, et le Premier ministre israélien, Yitzhak Rabin : « Samedi matin, nous avons fait une répétition de la poignée de main. Ce n'était qu'un tour de chauffe ; quatre types autour de mon bureau, en train de se demander comment chorégraphier ce tango politique. Les signatures venaient en premier, avec de multiples exemplaires du traité, nécessitant autant de signatures. Puis le Président devait se tourner vers la gauche et serrer la main

2. George Stephanopoulos, *All Too Human : A Political Education*, New York, Little, Brown, 1999, cité par Peter Collett, *The book of Tells*.

d'Arafat ; se tourner vers la droite pour serrer celle de Rabin ; reculer d'un demi-pas, bras légèrement écartés du corps, en espérant qu'Arafat et Rabin se tendraient la main devant lui pour la photo de la décennie... »

C'est bien du mouvement et de la place respective des corps dans l'espace dont il s'agit. Le moindre signe non verbal est pensé : « La dernière chose que j'ai dite à Clinton, fut "Pensez à votre visage". Il était assez malin pour ne pas sourire à pleines dents au moment déterminant ; mais s'il surcompensait, il risquait d'avoir l'air sinistre... Nous avons répété un sourire bouche fermée. »

Non sans contentement, l'auteur constate le résultat de sa préparation pour ce qui va devenir une photo historique : « La cérémonie se déroula comme dans un rêve. Rabin semblait encore nerveux ; Arafat était encore en extase ; et au moment culminant, Clinton paraissait plus présidentiel que jamais – calme, assuré et en plein contrôle de la situation, tandis qu'il reculait d'un demi-pas, demi-sourire en place, et leur laissait la voie libre. La foule retint son souffle. Puis Arafat et Rabin tendirent la main l'un vers l'autre, se serrèrent la main, et la foule laissa exploser sa joie. »

Ajuster distance et proximité

La distance entre les personnes n'est pas neutre. On distingue couramment la distance sociale, la distance familière, personnelle et intime. L'appréciation de cette distance peut varier en fonction des cultures ou de la personne. L'une aura facilement le sentiment que vous pénétrez dans son espace d'intimité alors que, pour une même distance, une autre aura le sentiment que vous respectez la distance sociale.

Les travaux sur la distance et la proximité entre individus s'inspirent également des travaux d'observation des animaux[1]. On a ainsi constaté que des mouettes rieuses ou des pélicans se mettaient spontanément à une même distance les uns des autres sur un plan d'eau, sur terre ou sur un fil électrique...

1. Voir notamment les travaux pionniers d'Hans Hediger « The Evolution of Territorial Behavior », in Washburn S. L. (dir.) *Social Life of Early Man*, New York, Viking Fund Publications in Anthropology, 1961, p. 34-57. Voir aussi T. Hall. « Proxemics –The Study of Man's Spatial Relations », in Galdston I., (dir.) *Man's Image in Medecine and Anthropology*, New York, International Universities Press, 1963, p. 422-445.

Nous devons avoir constamment à l'esprit qu'il nous faut nous ajuster, faire des réglages afin d'être dans la bonne distance ou la juste proximité par rapport à l'autre, à l'auditoire. Si nous sommes trop loin des autres, s'il y a trop de distance, les messages passeront mal. Si nous sommes trop près, de façon analogue, certains messages ne pourront être reçus. De la même manière, trop de lien ou trop peu de lien empêchent que les règles soient respectées. La bonne distance ne peut être mesurée une fois pour toutes, elle varie en fonction des situations, des circonstances, des personnes.

> « Ce qui échappe ? Ce qui fait que vous vous sentez bien avec quelqu'un dans la rue. Le langage du corps est un peu moins balisé que le langage verbal. Un exemple : Obama en Chine. Il est sorti de l'avion en tenant son parapluie, ça l'a humanisé. Il y a eu un grand retentissement. »
>
> Nicolas Le Riche

Être en adéquation avec son corps

Le corps parle. Il y a congruence (ancien terme d'arithmétique) lorsque les signes envoyés par le corps sont en cohérence et convergent avec les paroles, incongruence lorsqu'ils disent le contraire des mots. Par exemple, dire « bienvenue » avec le sourire et les bras ouverts est congruent. Affirmer : « Bonjour, je suis heureux de vous recevoir » les bras croisés et le sourire crispé est non congruent. Les bras croisés envoient un signal de fermeture et le sourire crispé, de tension, alors que je prétends adresser un message d'accueil. Lors d'un entretien ou d'une intervention publique, les signaux que j'envoie avec le corps ne trompent pas, car le corps ment moins facilement que la parole. Toute personne avertie peut décrypter le langage du corps. Il faut néanmoins se méfier du charlatanisme : dire que quelqu'un qui vous parle en se caressant le nez est en train de vous mentir relève de la divination. Plus probants sont les variations ou les écarts de votre

> « Je suis arrivé chez Ducasse à Monaco, en 1994. Le responsable artistique du ballet de Monaco est venu nous apprendre à nous décrasser dans nos attitudes dans la salle. Le luxe absolu, c'est tellement profond que ça ne se voit pas. »
>
> Gérard Margeon

interlocuteur par rapport à ses propres habitudes corporelles. Un collègue qui, ayant l'habitude de vous parler tranquillement et droit dans les yeux, se met à avoir le regard fuyant...

Être audible

La parole doit être audible. Un débit trop rapide la rend peu intelligible ; trop lent, exaspérante à entendre. La parole est riche ou pauvre en harmoniques, fluide ou hachée, ronde ou sèche. Ces qualités se travaillent par la respiration et par le placement de la voix *(cf. « Trouver sa voix et passer la rampe », p. 56)*.

Sourire

La recommandation de sourire pour établir le premier contact conduit parfois à des excès. Si le sourire s'apparente à une grimace ou ne paraît pas authentique, il peut jouer à contre-emploi. Un sourire ou une lueur, mais dans les yeux, est souvent plus éloquent que sur les lèvres. Pour autant, les neurosciences ont récemment montré qu'un sourire chez un interlocuteur stimule d'emblée, c'est-à-dire dès les premiers centièmes de seconde, dix fois plus notre cerveau qu'un visage fermé. Autant dire que le réflexe n'est pas conscient, et qu'il ne s'agit à ce stade que d'une stimulation d'ordre électrique. Mais déjà suffisante pour préparer le terrain à une meilleure qualité d'échanges...

> « S'il y a une réunion avec 15-20 personnes avec des tables en rectangle, je me mets debout, je circule. Le fait d'être derrière la table protège ; c'est une barrière de plus. Or, il faut s'exposer, avoir le ventre à portée des autres. Une vraie position d'échange : on est vulnérable, mais on offre une vraie proximité. »
>
> Jean-Pierre Arbon

Organiser l'espace et l'éclairage

Est maître des lieux celui qui les organise. Combien d'orateurs oublient ce précepte pourtant décisif dans la prise de parole. Souvent en raison du trac, l'orateur se précipite au micro sans avoir pris la mesure de l'espace, de la distance à ses interlocuteurs ou de l'éclairage. Combien se satisfont de parler alors qu'ils sont mal éclairés ou dans la pénombre. Un bon éclairage permet non seulement d'être vu, mais met en valeur et crée du relief. Il vaut mieux prendre quelques minutes avant une intervention et s'assurer que sa position dans l'espace correspond à ce que l'on souhaite assumer vis-à-vis des interlocuteurs (distance ou proximité, position hiérarchique ou égalitaire, centrale ou périphérique) et que l'éclairage est bon, quitte à se déplacer de quelques mètres pour se trouver sous le feu d'un projecteur plutôt que dans l'ombre.

Méthode

La conscience corporelle se développe en pratiquant. De même que l'on n'apprend pas à conduire par correspondance, on n'apprend pas à parler dans les seuls livres. Il faut s'y mettre, passer de « on en parle » (!) à « on le fait ».

- Je répète les gestes, les intonations de voix, les silences. Je mémorise autant le texte que les actions physiques. L'objectif n'est pas d'apprendre par cœur pour réciter, mais d'avoir la maîtrise de ce que je dis et de mon engagement physique pour être disponible aux autres à l'instant de mon intervention orale.
- La présentation silencieuse. L'exercice se fait en groupe. J'entre, je ne dis pas un mot. Les questions sont posées après à l'auditoire : qu'ont-ils reçu ? Les entrées se font d'abord sans intention, puis avec une intention. Ce sera au public de la retrouver. Je vérifie ainsi ma capacité à envoyer des messages non verbaux clairs et authentiques.
- Dans le prolongement de cette présentation silencieuse, je demande à quelqu'un de m'imiter. C'est un exercice d'observation et d'écoute. Cela permet de se rendre compte des messages que j'envoie.

> « Quand le corps, la respiration et la note sont connectés, tu retrouves des harmoniques dans ton mouvement, lorsque le corps est disponible, ça vient enrichir la voix. Ce n'est pas un effet mais un geste, le mouvement est au service de la parole. »
>
> Jorge Parente

La méthode de... Laurence Daïen-Maestripieri

Caricaturer celui qui est passé

Cette variation ludique de l'étape précédente permet aussi de prendre conscience des messages que l'on envoie.

La méthode de... Stanislas Roquette

Débattre en « GROMLO »

Un groupe : tous assis en tailleur au sol, en cercle.

Une fiction : nous formons une communauté dont l'avenir est menacé, et qui doit prendre des décisions fondamentales pour préserver sa survie. Tout le monde est appelé à prendre parti, nul ne peut s'extraire du débat.

Une consigne : chacun doit prendre la parole pour exprimer une idée, une proposition claire et construite, mais sans utiliser des mots compréhensibles. Uniquement un langage « GROMLO », fait de sonorités, de borborygmes et d'interjections dépourvus de sens. Il y a possibilité de prendre à partie les autres membres de la communauté.

Une mise en évidence : l'importance de toute la partie non verbale (regards, gestes, modulations vocales, sourires, croyance et partage...), qui permet (ou non) de faire passer un message clair, alors même que son contenu n'est pas identifiable.

Un plus : cet exercice permet souvent de décomplexer et de révéler certaines personnes qui n'auraient pas pris la parole aisément, s'il avait fallu parler normalement.

Respecter la contrainte du temps

> *« Ce que les orateurs ne vous donnent pas en profondeur, ils vous le donnent en longueur. »*
>
> Montesquieu

Respecter un temps de parole donné fait partie d'un contrat avec l'auditoire. Que ce soit pour une réunion ou une intervention à la tribune ou dans les médias, je ne peux parler sans m'être inquiété au préalable du temps de parole imparti. Pour une séance de travail, la durée de la réunion doit être au préalable indiquée aux différents participants. La durée d'une intervention ou d'une réunion détermine une des contraintes principales de la prise de parole.

Respecter son temps de parole

Le temps de chacun est précieux. Ne pas maîtriser son temps de parole, c'est risquer de ne pas rester en phase avec son auditoire, qui va s'impatienter, regarder sa montre, m'en vouloir de racketter ainsi son emploi du temps. Si, en outre, mon intervention manque de rythme, l'impatience va rapidement faire place à l'agacement et l'image que je donnerai de moi-même va se détériorer.

Parler au-delà de son temps de parole, c'est en effet prendre le risque d'envoyer des messages négatifs (il ne maîtrise pas son temps de parole = il ne maîtrise pas ce qu'il dit/il est verbeux/il s'écoute parler/il n'est pas attentif à son auditoire/c'est un incontinent verbal, etc.).

> « J'ai été coaché par un journaliste. Il m'a demandé de parler devant la caméra, seul, sans questions auxquelles répondre. Cela a duré une heure. Puis il m'a demandé de dire la même chose en trente minutes, en un quart d'heure, en trois minutes puis en une seule. Et j'ai découvert que j'arrivais à dire l'essentiel en un temps très court. Comme en pub... »
>
> Christian Boiron

Un peu de souplesse est parfois nécessaire pour que le temps de l'intervention se construise avec la salle ou avec les participants à une réunion. De l'élasticité peut être utile, mais dans un cadre rigoureux. Si l'on en vient à dépasser son temps de parole, il faut veiller à renouveler le contrat avec l'auditoire : « Si vous voulez bien, je prends encore trois minutes »... « J'ai été un peu plus long que prévu, mais le sujet (ou la qualité de notre échange...) l'a rendu nécessaire... ». Il ne faut se l'autoriser que lorsque l'on est certain de ne pas ennuyer, que l'auditoire nous écoute, et sans en abuser.

Méthode

Maîtriser la durée de chaque moment de mon intervention

Calibrer précisément chaque partie avec un temps donné pour chacune. Parler avec une montre ou un chronomètre devant soi et adapter son discours à vue en fonction du temps écoulé. Si je fais plus court que prévu pour une partie, je peux l'allonger avec d'autres exemples ou anecdotes. Si je m'achemine vers une durée plus longue, alors je ne dois pas hésiter à retrancher en évoquant moins d'exemples ou en les développant moins.

L'exposé en temps limité

Faire un exposé sur un même sujet en 1 minute/ 3 minutes/ 5 minutes/ 10 minutes. En une minute, je ne conserve que le cœur du message. En 3, je peux commencer à évoquer des exemples. En 10, je peux réaliser une introduction, deux ou trois parties et une conclusion.

Dans chaque cas, recommencer tant que la durée de l'intervention varie de + ou – 10 % par rapport à la contrainte fixée de façon à bien intégrer la contrainte du temps et à en faire une seconde nature.

Le dégraissage temporel

Si l'on pense avoir beaucoup à dire, commencer par une présentation en une heure. Puis la réduire à 30 minutes, en veillant à conserver les articulations entre les idées. De la même façon, raccourcir ensuite à 15 minutes, puis à 3 en gardant à chaque fois un enchaînement clair des idées. En 1 minute, il ne reste que le cœur du message.

Rythmer et rendre vivante son intervention

« La musique savante manque à notre désir. »
Arthur Rimbaud, *Illuminations.*

Ce n'est pas la longueur, mais la sensation de longueur éprouvée par l'auditoire qui compte. Le rythme, c'est la variété, voire la surprise. Il faut chercher la congruence, entre la durée du discours ou chaque partie du discours et le temps que je lui consacre. Il y a un temps propre à chaque message, à chaque émotion. Il faut chercher cette durée juste. Ce n'est pas parce qu'un moment du discours est important qu'il faut forcément y consacrer plus de temps. Ce qui est fort gagne souvent à être ramassé.

Moduler son rythme

L'intervention orale est vivante lorsque l'auditoire est avec moi. Cela dépend du rythme, mais aussi de l'écoute que j'ai de mon public. L'orateur est chef d'orchestre de sa parole ; or, l'auditoire envoie continûment des signaux sur la qualité de son écoute. Avant que je ne sente s'il s'ennuie, je dois moduler mon propos, son contenu, sa durée et son rythme.

Pour que le message passe, il faut qu'il vive. Le rythme, c'est la vie. Le rythme change le sens et la portée des mots et influe sur la qualité de l'écoute.

« Le danseur peut être très large et latéral alors que l'on s'attend à du vertical. Nijinski volait, disaient ses contemporains. Je pense plutôt qu'il était excellent dans le phrasé, une manière d'amener ses sauts, par de l'horizontal avant la verticale, qui met en valeur la verticale, une façon de les absorber aussi... »
Nicolas Le Riche

Il est ce qui met en mouvement, littéralement ce qui émeut l'auditoire et va aider à convaincre. Le rythme dépend de la façon dont on dit le texte, mais aussi de ce qui n'est pas texte, de ce qui n'est pas verbalisé (débit, intonation, qualité des silences, regards).

De « I have a dream » à « Yes, we can »

Des mots historiques dans leur rythme. Les grands discours historiques sont souvent structurés selon une montée en puissance appelée aussi « climax » : c'est le cas du discours de Martin Luther King[1] prononcé le 28 août 1963, à l'occasion de la marche pour les droits civiques. Un modèle du genre. À la suite de plusieurs minutes sobres et tenues, l'orateur trouve le moyen de scander dix fois en trois minutes, en allant crescendo, *« I have a dream »*, à partir de la douzième minute d'un discours qui en compte seize. C'est aussi Obama, le 9 janvier 2008. Nous sommes dans le New Hampshire ; le sénateur n'est alors qu'un candidat pour les primaires démocrates et Hillary Clinton, épouse du précédent président démocrate conserve l'avantage. De façon analogue à Martin Luther King, Obama scande quatorze fois pendant les trois dernières minutes d'un discours qui en compte treize, non pas *« I have a dream »*, mais *« Yes, we can »*. La formule est aussitôt reprise en slogan par la foule... et promise au destin qu'on lui connaît...

1. Le leader est assassiné cinq ans plus tard.

Méthode

S'affirmer avec sa seule présence

Une bonne prise de parole doit tenir sans outils (supports audiovisuels) en mobilisant la voix, les gestes... Libre à moi ensuite d'utiliser des supports qui vont contribuer au rythme et donner

> « Les rythmes doivent être différents selon ce que l'on veut exprimer. Les politiques devraient s'en inspirer, mais ça entre peu en ligne de compte dans le discours politique. Le rythme s'établit en fonction de la pensée, de ce que l'on veut exprimer. »
>
> Jean-Michel Jarre

> “ Savoir varier les registres. Être capable de faire sourire comme de susciter une émotion grave. Savoir utiliser tout le nuancier de la prise de parole, quelle que soit la palette des intonations. Ne pas hésiter à utiliser le silence. ”
>
> Ali Baddou

de la chair à l'intervention, mais qui n'en seront jamais le squelette. Aussi, une bonne préparation se fait sans autre support.

Pas de béquilles, le meilleur audiovisuel, c'est moi !

Rythmer son intervention avec des supports audiovisuels

Une fois que je peux parler sans outils, je les utilise mieux, si je les considère comme un élément du rythme, ce qui va aussi donner de la variété dans mon intervention. Les supports deviennent un tremplin.

Essentialiser les gestes dans des attitudes tenues mais fluides

Au lieu de rester les bras serrés le long du corps lors d'une intervention, voire mains ou bras croisés, j'ouvre le corps et je répète des gestes. Pour que ceux-ci structurent et rythment mon propos sans le parasiter, je les tiens dans la durée, sous la forme d'attitudes.

Dire un texte selon Louis Jouvet

Un des plus fameux comédiens du XXe siècle, lui-même bègue à l'origine et refusé trois fois au prestigieux concours du Conservatoire national d'art dramatique avant d'y devenir professeur, bien des années plus tard, suggère de respirer pour changer de ton.

« Il n'y a qu'une chose qui puisse arrêter une phrase, c'est un changement de ton.

Pour que le spectateur entende bien, il faut qu'on lui indique le changement d'idée par un changement de ton. Pour obtenir un changement de ton, il faut un changement de pensée. Il faut parler clair.

Respirer, c'est prendre du temps pour passer à un autre sentiment. Quand on respire à fond, au repos, au milieu d'une phrase, on est obligé de changer de ton[1]. »

---

1. Louis Jouvet, *Notes de cours*, Librairie théâtrale, 1989.

Se concentrer et se rendre disponible

> « *Tant que l'homme sera mortel, il ne sera jamais décontracté.* »
> Woody Allen

La qualité de l'instant oratoire va dépendre de la qualité de la présence de l'orateur dans l'instant. D'où la nécessité de préparer son intervention, pour se libérer du texte et être plus agile à répondre à l'impromptu. D'où la nécessité, aussi, d'être libéré de ses tensions personnelles, mentales, affectives et corporelles, en se concentrant et en pratiquant la relaxation. Tout en sachant se détendre, il faut cultiver une tonicité corporelle et intellectuelle plus forte qu'au quotidien.

Se libérer de ses tensions

Libérer ses tensions permet d'apparaître plus détendu à l'interlocuteur ou à l'auditoire. Sans cela, je risque fort d'envoyer des messages non verbaux négatifs. En libérant mes tensions, je dispose mon corps à être le vecteur du seul message que je souhaite transmettre au moment où je veux le transmettre, et non pas celui d'un état ou d'une tension parasites. Libérer ses tensions permet de détendre ses muscles et d'avoir une attitude corporelle plus ouverte. Cette disposition va avoir un impact immédiat sur :

- la maîtrise du stress ;
- la verticalité ;
- la capacité à bien projeter sa voix sans fatiguer les cordes vocales.
- la capacité à se concentrer sur son objectif et sur l'auditoire pour être plus disponible et plus performant.

Les exercices de relaxation que d'aucuns pratiquent par ailleurs peuvent être réinvestis pour préparer le moment oratoire.

Lee Strasberg et la relaxation à l'Actors Studio

Comme pour les autres dimensions de l'art oratoire, chacun est invité à construire sa propre méthode. Rien n'empêche cependant de s'inspirer de celles proposées par des maîtres dans leur art.

Lee Strasberg[1] en fait partie. Héritier de Stanislavski, il a été enseignant à l'Actors Studio, qui est sans doute l'école de formation du comédien la plus réputée au monde. Il a été le professeur d'art dramatique de Marilyn Monroe pendant plusieurs années et est nommé en 1951 directeur artistique de l'école. Parmi ses élèves, on compte James Dean, Marlon Brando, Dustin Hoffman, Al Pacino, Robert De Niro, etc. Il dirige l'école jusqu'en 1982, date de sa mort des suites d'une crise cardiaque.

Se détendre pour être vrai

« Le palace est un système terrible. Vous êtes écrasés par le palace, même les clients habitués. C'est une attitude, une élégance, une rigueur absolue dans une attitude apparemment décontractée. Il y a, au-dessus de la cave où nous sommes, le responsable de salle. Il n'a pas de stress apparent. Le service sans aucune tension, le talent absolu.... »

Gérard Margeon

Lee Strasberg insiste sur l'objectif de la relaxation qui est de permettre à l'acteur de se révéler.

« La tension est à la fois physique et mentale... Pour moi, la tension mentale est un ennemi bien pire que la tension physique... J'ai découvert qu'il y a trois régions qui dénotent la tension mentale... la première de ces régions est celle des *tempes*, où l'on trouve ce que l'on appelle les veines bleues. Quand quelqu'un est tendu, on le voit presser ses tempes du bout de ses doigts, sans s'en rendre compte. Les maux de tête sont localisés

1. Lee Strasberg, *Le Travail à l'Actors Studio*, Gallimard, 1969.

à cet endroit ; il y a beaucoup de nerfs et de vaisseaux sanguins desservant le cerveau. Nous demandons simplement à l'acteur de prendre conscience de cette région et de permettre à ces nerfs de se détendre... La deuxième région va *des ailes du nez aux paupières*... la troisième région est celle de la *bouche*... Détendre la région des tempes, des yeux, et toute la région de la bouche de façon à réduire au maximum la tension. »

Et plus loin : « Quelquefois, le talent de l'acteur se révèle pour la première fois si pleinement et d'une façon si imprévue que l'on en reste bouche bée ; l'acteur devient tout à fait sensible ; son instrument fait entendre une nouvelle gamme de résonances ; l'émotion, qui d'ordinaire est retenue, déferle brusquement. L'acteur devient vrai – pas simplement naturel. Sa concentration se fait complètement. Il dévoile totalement des aspects et des éléments insoupçonnés de sa personnalité avec un tel degré d'aisance et d'autorité qu'il semble littéralement avoir ôté un masque et émergé d'un déguisement qui cachait auparavant sa vraie personnalité. Et pourtant il n'a rien fait d'autre que se détendre. »

> « La détente, c'est arrêter le jeu de l'esprit pour le mettre au service du corps, pour être disponible, d'où l'importance de la relaxation et de la verticalité. »
>
> Jorge Parente

Méthode

Être en position assis relâché

Où que je sois, je trouve une position confortable dans laquelle je pourrais m'endormir. Je ferme les yeux, me concentre et me relaxe. Les sportifs de haut niveau, les artistes de scène ne font pas autre chose. Tout le monde a besoin de « temps de récup », soit pour se préparer à l'action, soit consécutivement à l'action.

Se relaxer mentalement et physiquement

Nous reprenons la méthode de Lee Strasberg.

Dans un premier temps, il propose de se mettre en position « assis-couché » dite aussi « position du cocher de fiacre au repos ».

Puis, il suggère de se concentrer sur la tension mentale qu'il identifie dans les trois régions vues ci-dessus.

La méthode de... Hervé Pata

Abaisser la fréquence cardiaque

L'objectif de la relaxation est d'abaisser la fréquence cardiaque. Il faut que la relaxation ne soit pas paralysante. On doit en effet pouvoir se relaxer en toutes circonstances et en tout lieu, grâce à des exercices simples et rapides. Il faut un minimum d'une minute pour que la fréquence cardiaque retrouve un niveau satisfaisant grâce à une respiration lente. La respiration lente se partage en une inspiration d'au moins deux secondes et une expiration d'au moins dix secondes. En deçà de ces dix secondes, le temps de l'expiration n'est pas suffisant pour réduire la fréquence cardiaque.

> « C'est la méditation qui m'a permis d'aller vers plus de décontraction tout en restant dans la rigueur. La méditation, c'est une dé-contraction centrée, sur ce que je suis, sur ce que les autres sont. »
>
> Christian Boiron

Les méthodes de... Stanislas Roquette

Détendre, se faire du bien

Accroupi, tête relâchée (« on pourrait dormir »), puis déroulé de colonne vertèbre par vertèbre, se faire grand sur la pointe des pieds. S'étirer, chercher les mouvements qui nous font du bien. Bâiller. Se masser doucement le plexus solaire, dans le V des côtes. Frotter les mains l'une contre l'autre puis réveiller corps et visage en les frictionnant énergiquement. Détendre la mâchoire en secouant la tête relâchée. Faire descendre l'énergie dans le sol en tapant les talons. Tension/détente des poings et des épaules.

Ancrage, posture, respiration

Méthode asiatique de la construction (taï-chi-chuan, qi gong) : « des racines et des ailes », donner le poids du corps à la gravité (« les pieds sur terre »), fil de soie au sommet du crâne (la fontanelle) qui nous relie au ciel. Respiration abdominale pour dénouer les tensions liées à l'anxiété.

> « Le jeu entre tension et détente est à l'image du diaphragme. C'est un couple. Il s'agit de la respiration du muscle : plus il est disponible, plus il est réactif. On a plein de petits diaphragmes à l'intérieur du corps. »
>
> Jorge Parente

Ouverture, vivacité, écoute

Ouvrir le regard, faire naviguer ses yeux de gauche à droite et de bas en haut sans rien sauter, vérifier que l'on regarde vraiment, sans balayer. Tout ouvert : gourmandise, puis tout fermé. Développer une réactivité aux moindres sons, mouvements, lumières, odeurs. Mettre en éveil ses cinq sens, être animal, tout voir, tout entendre. Présence = être au présent.

Trouver sa voix et passer la rampe

« La voix, comme le reste, c'est la façon dont on vit, dont on pense. »

Louis Jouvet, *Notes de cours*

Rien de plus faux et de plus assassin que de prétendre que l'on naît avec une voix donnée et que l'on n'y peut rien. Il n'y a pas de « petites voix », il n'y a que des voix insuffisamment travaillées. Rien de plus faux aussi et de plus néfaste que de croire que l'on a une voix qui correspond à sa personnalité et que la travailler reviendrait à trahir sa personnalité. Travailler la voix parlée consiste dans un premier temps à se libérer de mauvaises habitudes corporelles qui conduisent à fermer le corps, à rester sous tension et à emprisonner la voix.

Travailler sa voix

Quatre composantes de la voix méritent d'être travaillées :

- la fréquence ou hauteur ;
- l'intensité ou puissance ;
- le timbre ou ce qui enrichit sa mélodie ;
- le débit qui donne le rythme et fait de l'orateur le chef d'orchestre de sa parole.

La maîtrise du souffle associée à la respiration costo-diaphragmatique est la clef du développement des potentialités vocales. Le son de la voix parlée se forme par le passage de l'air entre les cordes vocales. Il s'enrichit ensuite et s'amplifie dans quatre résonateurs principaux :

- le pharynx

- la cavité buccale
- l'espace entre les lèvres
- les fosses nasales.

Trouver sa voix consiste à pratiquer quelques exercices à la portée de tous, dans les domaines de la relaxation, du souffle, d'action sur les résonateurs et de projection de la voix.

> « En chant lyrique, on travaille sa voix comme on travaillerait, par exemple, le violoncelle ; on cherche le meilleur son, on le polit, on l'enrichit et on se l'approprie. Le corps est un espace de résonance. Ce n'est absolument pas une question de volume. »
>
> Paul Vialard

Jusqu'à ce que les scènes des théâtres soient équipées d'électricité, des bougies éclairaient le plateau de jeu sur le nez de scène. Les comédiens devaient s'en tenir à distance pour éviter que leur costume ne s'enflamme. D'où l'expression « passer la rampe », qui veut bien dire atteindre l'auditoire jusqu'au fond de la salle alors même que l'on doit rester à distance du nez de scène.

Une tribune équipée d'un micro et d'un amplificateur ne dispense pas de cet effort pour être entendu et vu de toute la salle. Passer la rampe, c'est en effet prendre l'espace, tout l'espace. C'est aussi tenir le rythme, ne pas lâcher son auditoire une seule seconde, ne pas le laisser vous lâcher non plus.

Il y a des fondamentaux : il s'agit de bien prononcer et d'articuler pour être entendu alors que beaucoup oublient cette exigence élémentaire, par négligence ou par fausse pudeur.

Il s'agit d'être audible pour l'auditoire, sans fatiguer sa voix.

La voix est aussi le reflet d'une personnalité, de notre état physique, mental, émotionnel. Elle exprime l'engagement de celui qui parle ; elle est message. Elle est la traduction orale de ce que dit le corps, l'entre-deux du corps et de l'esprit. À partir de là, l'enjeu est non seulement d'être entendu mais aussi d'avoir :

- une voix pleine et agréable ; *a contrario*, bien des voix non travaillées saturent dans les aigus (les voix pointues) ou encore sont atones et sans harmoniques ;

- une voix persuasive ; le travail vocal permet d'être conscient des rythmes de son discours, du timbre de sa voix, de la prononciation. Ce sont autant d'éléments déterminants du charisme d'un individu.

La voix doit affirmer une présence, communiquer un message, un souhait, une direction, un sens, elle doit être un instrument de leadership.

Pour rendre sa voix plus agréable, il faut l'enrichir en harmoniques[1]. Pour ce faire, il est nécessaire de travailler l'ouverture corporelle et la respiration. Améliorer sa relation aux autres au quotidien, par une voix agréable et assumée.

Parce que l'identité de l'orateur se joue dans la voix, la voix est porteuse de sens, d'émotion et de sensualité. On parle de l'âme d'un instrument, on pourrait parler de l'âme de la voix. De façon réciproque, le grand violoniste Yehudi Menuhin déclarait lors d'un entretien avec Jacques Chancel : « Le violon est la prolongation de la voix... Il appartient à l'âme. »

C'est parce qu'il peut travailler sur sa voix que l'orateur est l'instrumentiste, son corps, l'instrument. « Au départ, on n'a toujours que deux cordes vocales, mais à l'arrivée une palette infinie de nuances », note Élisabeth Fresnel, phoniatre, du Laboratoire de la voix[2].

À la radio, mais aussi dans les autres médias, la présence de la voix est décisive. Le son, c'est la musicalité. Il y a un pouvoir d'envoûtement et de charme de la voix.

Une voix riche en harmoniques

Une voix qui est riche possède sur tout son registre à la fois des harmoniques graves (plutôt dans le bas du corps) mais nourries d'harmoniques aiguës (plutôt dans le haut du corps). C'est trouver les deux moitiés du son. Quand un son est pur, quand la voix est justement placée dans le corps, physiquement cela produit des harmoniques, les différentes parties de notre corps entrent en résonance : alors le son s'en trouve enrichi, il sera comme plus épais dans l'air, il voyagera mieux. Un son riche est nourri d'harmoniques. (Par Paul Vialard)

1. Harmonique : son musical simple et enrichi obtenu par la vibration et la résonance de la voix dans le corps et projetée dans l'espace.
2. Elisabeth Fresnel, *La Voix*, préface de Barbara, Éditions du Rocher, 1997.

Méthode

Entraîner sa voix. Une vibration équilibrée, une respiration adaptée et l'utilisation des résonateurs permettent ainsi d'utiliser sa voix au mieux sans se fatiguer.

Trois points sont essentiels pour une bonne pratique vocale :

Se détendre

La production de la voix est affaire de vibration. Moins le haut du corps est tendu, meilleure sera la vibration et plus claire sera la voix. Plus important encore, la fatigue sera réduite.

Position : allongé(e) sur le sol, dos contre un mur, jambes légèrement fléchies ou debout et tête en bas, les bras relâchés.

> « Porter la voix, c'est se faire entendre. La voix passe dans quelque chose pour continuer à vibrer. La voix évolue dans l'espace. On évolue dans un milieu plein, pas dans le vide. Le son ne doit pas s'arrêter dans la bouche, puis comme laissé dans le néant. Il est projeté. »
>
> Nicolas Le Riche

Prendre trois à quatre respirations lentes et profondes

Compter un temps pour l'inspiration, deux temps pour l'expiration. Sentir la respiration abdominale. Concentrer sa conscience sur le relâchement de la bouche, du visage, de la gorge, du larynx et des épaules. Émettre des sons légers sur des consonnes douces : « z », « v », « j », tout en veillant à garder la gorge et le larynx détendus.

Adopter une posture adéquate

Un bon appui des pieds sur le sol, sans raidissement ni enracinement prolongé, un équilibre du corps très légèrement sur l'avant plutôt que sur les talons, un bassin et un buste relâchés et mobiles, des épaules et des bras détendus ainsi que la nuque dans le prolongement du tronc, légèrement baissée. Voilà les éléments pour trouver un équilibre stable entre la poussée du souffle phonatoire et la résistance offerte par la glotte à cette pression.

La méthode de… Paul Vialard

Le miroir

Position : face à un miroir, les pieds parallèles à trente centimètres d'intervalle.

Commencer par prendre trois grandes respirations.

Parler en prêtant attention à la stabilité des jambes, à la détente du tronc et au relâchement du cou.

Bien respirer

Pour projeter sa voix, un bon souffle phonatoire est nécessaire. Il se caractérise par un temps expiratoire à débit constant et à pression suffisante grâce au travail du diaphragme et des muscles intercostaux. Il permet ainsi la production d'une voix claire, puissante et continue.

La paille

Position : debout ou dos contre un mur, avec une fine paille en bouche. Pratiquer de longues expirations en veillant à conserver les épaules et le haut du buste relâchés.

Sentir le travail du diaphragme dans le ventre et le dos, ainsi que celui des muscles intercostaux.

Émettre une voyelle (« a » ou « o ») – cette fois-ci sans la paille, bien entendu, en veillant à garder le débit et le volume constants.

Être conscient des résonateurs.

> « On reconnaît dans quel état sont les gens à leur voix. Les personnes que l'on connaît, on peut savoir comment elles vont, à leur voix. Vous demandez : "ça va ?" Réponse : "ça va, ça va…" J'ai l'oreille pour la voix parlée. J'ai travaillé avec un orthophoniste, des coachs… »
>
> Anne Roumanoff

La méthode de… Juan Carlos Tajes

Ouvrir le corps

Je lève un bras. C'est la métaphore de l'aile appliquée au corps humain. Ça ouvre le côté du corps. Ça ouvre la voix. Il m'arrive de chanter certains moments du tango le bras levé, la main repliée sur le front, sans avoir à y penser. Pour certains moments de la voix, le corps bouge instinctivement pour trouver la solution vocale. La verticalité va aider à être conscient de son corps et à faire ses choix.

La méthode de... Hervé Pata

Les lèvres en avant

Un enjeu est de changer le comportement des lèvres souvent trop paresseuses et tirées vers l'arrière alors qu'elles sont le dernier rempart avant la projection du son : elles vont donc canaliser le son. Pour autant, je trouve que l'exercice du crayon, pratiqué depuis longtemps, a ses limites. Avec un crayon dans la bouche, tu demandes à tes muscles de se crisper. Je préconise plutôt de s'exercer à former comme le son des voyelles a-e-i-o-u, mais sans le son, au ralenti et en imbriquant les voyelles les unes dans les autres. Avec une exigence : maintenir les lèvres en avant. Il faut être particulièrement attentif au « i » que beaucoup ont tendance à former, avec les lèvres tirées vers l'arrière. C'est ainsi le cas de Ségolène Royal. C'est une erreur fondamentale : ça donne de l'agressivité. C'est ce que montre ainsi une étude réalisée aux États-Unis sur une centaine de personnes : la voix aiguë, avec des harmoniques aiguës, donne une image agressive de soi. À l'inverse, le « i » formé lèvres en avant enrichit cette voyelle d'harmoniques.

> « Ma force, c'est pas ma voix. C'est pourquoi je fais attention à ce que l'on comprenne. J'articule, j'aime que l'on comprenne... »
>
> Alain Souchon

Paroles de Nicolas Le Riche

Danseur étoile de l'Opéra de Paris jusqu'à sa retraite en 2014 à 42 ans, Nicolas Le Riche a été choisi par les plus grands chorégraphes du siècle et continue de marquer aussi bien la danse classique que contemporaine.

Nicolas Le Riche reçoit et parle avec la simplicité du génie. C'est dans sa loge du palais Garnier qu'a lieu l'interview. Deux chaises en bois face à face, pas de table entre nous. Sur le mur latéral, un grand miroir et une table de maquillage, quelques photos.

Êtes-vous étonné que je vous interroge sur la prise de parole ?

Étonné ? Pas forcément. La scène est un lieu de parole. Il y a une curiosité pour ce qui se passe à ce moment-là qui n'est pas habituel. Tous les danseurs ne diraient pas cependant qu'ils prennent la parole sur scène. Avoir quelque chose à dire oriente un tas de choix. Je peux refuser une production parce que j'estime ne rien avoir à dire d'emblée, d'un point de vue intuitif ou plus réfléchi. Pour d'autres productions, je peux me dire : « Comment vais-je avoir quelque chose à dire dans celle-là ? »

Cela a-t-il toujours été comme cela pour vous ?

Il y a eu la phase d'apprentissage. Avec l'impression d'apprendre et simplement d'apprendre à être là pour emmagasiner des choses. Voir ce qui pouvait ressortir de ces croisements culturels. On reçoit l'influence très forte des différents interprètes, des maîtres de ballets.

Est-ce que cela peut évoluer ?

Oui. Je prends un exemple : trois ballets de Diaghilev – *Le Spectre de la rose, Petrouchka, L'Après-midi d'un faune* – et *Le Tricorne* de Manuel de Falla.

J'ai demandé il y a six ou sept ans *Le Spectre de la rose*. Aujourd'hui, je reçois la même proposition pour ces quatre ballets. Je dis non pour *Le Spectre de la rose,* mais oui pour *Petrouchka* et *L'Après-midi d'un faune*. Il y a un moment pour chaque chose, un moment pour prendre une certaine parole. Pour *Le Spectre de la rose*, il est bon d'être jeune et frais, d'avoir une certaine naïveté dans cette jeunesse. Aujourd'hui, je n'aurais pas la fraîcheur naturelle suffisante pour *Le Spectre de la rose*, mais j'ai la maturité pour *L'Après-midi d'un faune*.

Je parle sur scène, mais mon mode d'expression choisi est le vocabulaire corporel. Le son que je produis n'est pas celui des cordes vocales. L'analogie entre la parole verbale et la parole corporelle est infinie : pour les deux, on peut parler de ponctuation, de rythme des phrases, des pieds. Il n'y a pas de différence, mais dans la danse, le son n'est pas celui des cordes vocales. La danse n'est pas un palliatif à quelque chose. Cela correspond à mon envie d'aller vers un mode d'expression plus primaire et plus libre, l'expression corporelle.

> « Le langage du corps est un peu moins balisé que le langage verbal. »

Pour un danseur sur scène, il y a tout ce que lui souhaite dire et ce qui lui échappe.

Ce qui échappe ?

Ce qui fait que vous vous sentez bien avec quelqu'un dans la rue. Le langage du corps est un peu moins balisé que le langage verbal. La plupart des personnalités dégagent ça. Une sorte de désir et de conscience d'être en public. Je pense notamment à la reine d'Angleterre. Une fois, je jouais pour son anniversaire dans un gala à Covent Garden. Elle m'a fait une certaine impression. Celle d'une petite femme, avec une certaine tenue, une prestance. Même si on la catapultait dans la rue, même si on ne la reconnaissait pas, les gens feraient attention à elle, par ce qu'elle dégage, non pas parce qu'ils la reconnaîtraient. C'est dans la façon qu'elle a de s'adresser aux gens, d'avoir une distance avec eux. C'est un personnage rompu au protocole, on dirait qu'elle a sans cesse le protocole en tête, quel ordre ont les choses, comment les faire... comment les dire... Quelqu'un qui fait attention à ce qu'il y ait une certaine distance.

Les points d'appui ? Y a-t-il une transcription de la danse vers l'acte oratoire ?

Le danseur, au-delà du message qu'il porte, insufflé par le chorégraphe est un magicien du brouillage du corps, pour brouiller cette perception classique. Il peut être très large et latéral alors que l'on s'attend à du vertical. Avant une accélération, il peut ralentir, avant une verticale, être dans l'horizontal. Nijinski volait, disaient ses contemporains. Je ne pense pas qu'il avait des ailes... Je pense plutôt qu'il était excellent dans le phrasé, une manière d'amener ses sauts, par de l'horizontal avant la verticale, qui met en valeur la verticale, une façon de les absorber aussi. Il est possible qu'il sautât vraiment haut, mais ce n'était sans doute pas cela seulement...

La verticalité ?

C'est quelque chose que je travaille pas mal dans les cours de yoga que je prends. Il s'agit d'un placement vertical dynamique, de se placer juste. Il s'agit d'une recherche de la sensation intérieure, de se placer juste par rapport à soi, de s'observer. La conception corporelle de chacun de nous est différente. Cent personnes penseront cela différemment. Certains reculeront la hanche par rapport au bassin. C'est propre à la structure de chacun et aux comportements d'adaptation que chacun développe.
La verticalité, c'est justement ne pas se conforter dans une posture naturelle. On cherche un aplomb, pour un équilibre. Au yoga, on fait un exercice d'un côté puis de l'autre. La sensation n'est pas la même à gauche et à droite. L'enjeu est de penser à certaines choses pour avoir un chemin juste. Ce n'est pas du copier-coller d'un côté à l'autre. Le chemin est différent d'un côté et de l'autre. Si je demande d'écrire de la main droite, la pensée mène directement la main droite. Ce n'est pas la même chose à gauche, la conformation est très différente. Je suis un gaucher contrarié. Les poignées de porte sont pointées à l'envers pour moi.

Porter sa voix ?

C'est se faire entendre. La voix passe dans quelque chose pour continuer à vibrer. Elle évolue dans l'espace. On évolue dans un milieu plein, pas dans le vide. Le son ne doit pas s'arrêter dans la bouche, puis comme laissé dans le néant. Il est projeté.
C'est comme le danseur. Il ne lève pas les bras dans rien du tout. Si j'ai conscience que je lève le bras dans l'air, j'ai conscience que l'air est déplacé. De la même façon, je pose le pied de manière réfléchie. Un jeune danseur pose le pied là où il peut. Un danseur plus mûr, là où il veut. Noureev et Barachnikov sont deux des plus grands danseurs du XXe siècle. Je ne les avais vus que sur des images. J'étais persuadé que c'étaient des géants. En réalité, ils étaient petits. Michka était aussi petit et pas très large, mais il remplissait l'espace d'une façon incroyable.

C'est-à-dire « remplir l'espace » ?

Il y a les gens qui passent la rampe, et ceux qui ne la passent pas. C'est dû au « naturel » avec lequel ils évoluent dans l'espace. La relation naturelle avec l'espace. Il y a des danseurs instinctifs. Il se passe quelque chose sur scène. Pour d'autres, il ne se passe rien, mais ils ont des discours incroyables sur la danse…

Le regard ?

Il est à considérer à chaque fois dans le bon sens. Le rôle du danseur sur scène est de proposer quelque chose à regarder. Une salle ne donne pas une proposition de reflet. Il ne faut pas amalgamer ce que les personnes vont ressentir et la proposition que vous faites.

Il faut être vrai, honnête, intègre dans sa proposition.

Je pense à Nijinski en 1912 dans *L'Après-midi d'un faune*. Ce fut un scandale à l'époque. Aujourd'hui, c'est un chef-d'œuvre. Nijinski était dans l'honnêteté, la confiance, l'intégrité. S'il avait modifié ses choix en fonction du goût de l'époque, aujourd'hui, on n'en aurait rien retenu. Il n'a pas cherché à avoir raison.

> « Il faut être vrai, honnête, intègre dans sa proposition. »

Cette indépendance d'esprit de l'artiste, la retrouvez-vous chez l'homme politique ?

L'homme politique est dans une ambivalence terrible. Entre ce en quoi « je » crois et ce que reçoivent les personnes, il n'est pas du tout dans la même posture. « Je » dois alors faire avec la nécessité qu'« ils » se retrouvent en « moi ». Il y a peut-être peu d'espace pour ce que « je » crois en politique.

La relation entre le danseur et la salle ?

La danse est un art vivant. Certains jours, il y a des salles difficiles, d'autres fois, des salles très attentives. C'est une question de résonance. Une salle qui se pose tout d'un coup… après une ou deux minutes, quand chacun s'est installé, a rangé ses affaires… 2 800 personnes d'un coup ! C'est très plaisant, une sorte de fusion dans cet espace. Les échanges peuvent se faire très vite.

Peut-on parler d'une relation charnelle avec la salle ?

Ici, les danseurs sont mythifiés par la distance. On ne peut pas les toucher, il y a la fosse d'orchestre, dix mètres de distance et la musique, une vraie distance.

Le silence ?

Ça me fait penser à l'espace. On évolue dans l'élément qui est l'air, c'est quelque chose. Le silence n'est pas l'absence de tout et rien. C'est du temps. C'est quelque chose. Un long silence n'est pas la même chose qu'un court silence. On travaille sur des mouvements corporels.

Prendre l'espace ?

Il y a une première façon : je vais de A à B puis à C.

Une deuxième façon est de me demander comment je pars de A pour aller à B, puis de B à C. Lorsque l'on dit un mot, le sens des mots et la résonance sont sur la personne qui vous écoute. Ce n'est pas juste quelque chose qui est lancé. Il s'agit d'écouter sa propre résonance chez l'autre et de faire attention au message qu'on livre. Les mots ont un sens. Il faut être à leur écoute pour savoir réellement ce que l'on dit. C'est cela aussi prendre l'espace.

« Il s'agit de remettre de l'esprit dans la chair. »

La respiration ?

Les danseurs sont des êtres vivants. Pour vivre, il faut respirer. J'ai fait de la clarinette pendant quelques années. Ça m'aide à respirer. Respirer, c'est inspirer et expirer, tout simplement. Dans la respiration se trouve souvent un des défauts les plus flagrants.

Est-ce que l'expression « corps connecté » fait sens pour vous ?

Oui, nerveusement. Par la commande nerveuse. Et en plus par le plaisir du muscle. Mais beaucoup moins par le muscle qui serait à sa place. Il s'agit de remettre de l'esprit dans la chair[1]. Il s'agit de comprendre le geste comme une commande de la pensée, non comme une mécanique, mais comme une émotion. Chez les musiciens, c'est le sens du tempo. Les chanteurs de rock que je connais sont ultra-connectés. Tu leur donnes une guitare, tout de suite, ils y sont, ils mettent l'instrument exactement en place au moment même. Quand ils marchent, ils déroulent le pied. Regardez ces deux filles qui passent devant nous : leurs pieds tapent le sol. Ce n'est pas du tout réfléchi. Rares sont les personnes qui ont le déroulé de pied pensé. Mais plus que de corps connecté, chez les danseurs, on parle de corps « branché ».

En pensant à des circuits branchés ensemble, du courant qui passe et les relie, parce que la commande est nerveuse et non musculaire.

1. Allusion au passage du pharisien Nicodème dans l'*Évangile selon Saint Jean*. Et les citations suivantes : « Ce qui est né de la chair n'est que chair ; ce qui est né de l'Esprit est esprit. [...] Ne sois pas étonné si je t'ai dit qu'il vous faut renaître. Le vent souffle où il veut : tu entends le bruit qu'il fait, mais tu ne sais pas d'où il vient ni où il va. Il en est ainsi de tout homme qui est né du souffle de l'Esprit. »

Propos recueillis par Cyril Delhay

Paroles de Hélène Dupont

Hélène Dupont est premier violon au sein du quatuor Annesci qui donne des concerts partout dans le monde, aussi bien en Europe, qu'aux États-Unis, au Japon ou en Chine, ou encore en Sibérie.
Nous sommes face à la cathédrale romane de la ville d'Autun en Bourgogne, une heure avant le concert du quatuor Annesci.

Comment vous concentrez-vous, comment vous préparez-vous ?

On a beaucoup appris à partir de certaines techniques et des arts martiaux (taïchi, aïkido...) : être centré, trouver son axe corporel, intellectuel, émotionnel. C'est rassurant, structurant, de penser à des choses précises, corporelles, pour ensuite passer à l'émotionnel. J'utilise beaucoup la kinésiologie pour rééquilibrer le cerveau droit et le cerveau gauche. On doit, dans un laps de temps très bref, changer d'univers, on passe du train à la salle de concert !

Cela nous sert de repère pour que l'on sache que l'on va être en face de quelque chose de différent, pour amener son cerveau à ce qui va se passer.

Il faut être en phase avec ses idées, son corps, cela demande des ajustements, il faut que mes doigts répondent bien...

Pour me concentrer, j'ai besoin d'un petit moment sans parler à personne, trente minutes environ. Tous les quatre, nous avons besoin d'être avec les morceaux que l'on va jouer, de passer à travers la partition, avec ou sans nos instruments.

> « Plus je prends appui sur mon ressenti corporel, ma prise de terre, plus je suis dans l'instant présent. »

Comment gérez-vous le stress ?

Nous avons un appui très fort, nous sommes quatre. Nous faisons par exemple trois ou quatre accords ensemble, nous blaguons, nous sommes dans l'intelligence du groupe, le moins stressé d'entre nous désamorce !

Cela dit, on ne le supprime jamais complètement, et c'est d'ailleurs bien ainsi. Le stress est notre partenaire, il permet la mise en œuvre de richesses, de ressources. Il permet un état de juste tension, de vigilance extrême. Plus je prends appui sur mon ressenti corporel, ma prise de terre, plus je suis dans l'instant présent. Je bannis toutes les pensées qui vont vers l'avant ou vers l'arrière.

Quel est le déclic pour attaquer un morceau ensemble ?

J'entends dans ma tête le premier accord avant de le jouer, je jette un coup d'œil aux autres, je m'assure que je suis bien assise, et on y va !

Je ne regarde plus le public, je l'ai regardé avant.

Si mes pieds ne sont pas correctement posés à terre, j'ai alors un problème de tension. Quand on a peur, on démarre sur la pointe des pieds, l'ancrage s'en va, l'organisation du corps passe vers le haut, les épaules montent, tout part vers le haut. J'utilise beaucoup la visualisation, sans l'instrument, pour « voir » les moments, les endroits difficiles.

Tout ça, on ne l'apprenait pas au Conservatoire à mon époque. Aujourd'hui, oui. On suit des cours de taïchi, les professeurs ont évolué vers une prise en charge globale du corps.

La respiration ?

Elle remet tout à disposition dans le corps, prise de terre, émotion, analyse, tout est bien branché, connecté.

On se sent solides pour créer, on se sent légers, comme portés tous les quatre.

La technique Alexander (acteur australien) nous a beaucoup aidés.

Propos recueillis par Hervé Biju-Duval

Au moment de parler…

Il faut tordre le cou à cette idée selon laquelle certains sauraient bien parler, d'autres non. C'est se résigner à croire que l'on ne peut pas progresser et c'est accepter de se laisser hypnotiser par ceux qui parlent beau ; c'est se soumettre.

Les chapitres qui suivent vous donnent les savoirs simples et qui vont vous aider, ceux auxquels on oublie de penser, mais que les orateurs chevronnés connaissent très bien. Ce sont les lois à connaître et à partir desquelles chacun peut construire un art personnel et conscient et trouver la confiance en soi pour parler.

L'ancrage dans le sol, la verticalité, la respiration, le regard, les silences donnent ainsi le socle de départ. Il n'est pas besoin d'être grand sorcier pour les mobiliser et en même temps, penser à tous à la fois peut paraître difficile au début. Il s'agit d'une étape dont il faudra ensuite s'affranchir. C'est comme lorsque l'on apprend à conduire, ce qui paraît complexe devient vite plus simple, la pratique aidant. On construit des automatismes qui évitent d'avoir à y penser ensuite. C'est en marchant que l'on apprend à marcher, en nageant que l'on apprend à nager, en parlant…

Faire du stress un allié en prenant appui sur son corps

> *« Vous n'avez pas eu le trac ? Ne vous inquiétez pas, mademoiselle, cela viendra... avec le talent. »*
>
> Sarah Bernhardt

Qui ne connaît le trac ? Bien souvent devoir prendre la parole en public provoque de l'anxiété, parfois de l'angoisse. L'organisme réagit à cette peur par une réaction d'adaptation plus ou moins utile, le stress. Gérer son stress signifie savoir en reconnaître les symptômes et les réguler par une réponse physique appropriée. De cette façon, on peut tirer bénéfice des apports du stress pour l'organisme tout en en limitant les inconvénients.

S'adapter à une situation grâce au stress

Le stress, selon les neuro-physiologistes, est ainsi une réaction de l'organisme face à une situation trop pressante et menaçante. Plus grande est l'incertitude de la situation, plus elle sera vécue comme stressante. Par un processus hormonal, le stress déclenche, via le système nerveux central, la mobilisation d'une énergie immédiatement utilisable.

Si la dose de stimulation n'est pas trop grande, la réaction s'autorégule et l'équilibre rétabli permet de faire face à de nouvelles situations.

Si la stimulation est trop forte, un mécanisme de protection se déclenche, cette protection, la « réaction de survie », pouvant prendre des formes différentes. Cela va de l'acte manqué au coma, en passant par l'inhibition, la dépression, la maladie...

Nous sommes tous en lutte contre le stress. Pourtant, il s'avère nécessaire et même vital. Une vie trop stressante est comme une corde de violon trop tendue, qui risque à tout moment de casser. Tout l'art est de trouver la tension adéquate qui permette à notre instrument, à notre personne, de sonner juste.

> « C'est un moment de tension. Je suis tendu dès le matin parce que je sais que je vais plaider, même après trente-cinq ans de plaidoiries, je n'ai aucune sérénité. J'attends le moment où je vais plaider. Je mobilise du stress, de l'adrénaline. Il s'agit de quitter la tension des premiers mots pour obtenir la maîtrise de son expression. »
>
> Jean-Pierre Mignard

Les déclencheurs du stress sont multiples : inconnu, bruit, confrontation, création, privation, frustration, sentiments, victoire...

Pour Hans Selye, médecin et père de la connaissance du stress, il est une réponse d'adaptation de l'organisme. Tout le monde l'éprouve. Il devient contre-productif lorsqu'il dépasse nos capacités d'absorption. Il nous relie en effet au fond des âges et correspond à une adaptation de l'organisme à une situation de danger. Notre ancêtre préhistorique pouvait grâce au stress avoir une meilleure chance d'échapper au prédateur. Qu'un fauve soit présent dans les parages, il le sent ou il le voit. De façon instantanée, le sang quitte les parties supérieures du corps et de la tête, provoquant une pâleur, pour affluer vers les muscles des jambes et permettre de mieux courir. Un tel comportement d'adaptation, courir plus vite en présence du danger, inscrit dans nos gènes, a moins d'intérêt avant une intervention oratoire. On pourra alors parler du développement d'un stress inutile, voire négatif.

Au-delà des changements dans la circulation sanguine, le stress s'accompagne aussi de sécrétions hormonales, notamment d'adrénaline par la glande médullo-surrénale et de gluco-corticoïdes par la cortico-surrénale. Ce sont les apports récents de la science qui ont mis en valeur les réponses neuro-endocriniennes au stress. Celui-ci n'est donc ni bon ni mauvais en soi, il devient dangereux lorsqu'il y en a trop, trop longtemps.

Les signes du stress sont soit corporels : mains moites, respiration courte, mal au ventre, palpitations, irritations, tremblements... soit psychologiques : attitude négative envers les autres, repli sur soi, rigidité, entêtement, obsession, conformisme, apathie, passivité, agressivité, optimisme systématique...

Garder le contact avec soi-même

Toutes les situations nouvelles sont vécues comme stressantes, avec des degrés d'intensité qui varient selon les personnes.

Dans l'activité professionnelle, de nombreuses situations peuvent être facteur de stress : modification de l'organisation, mutations imposées, changement brutal de culture d'entreprise, entretiens d'évaluation négatifs...

Pour faire du stress un atout, les moyens sont divers : relaxation, respiration plus ample, affirmations positives... L'essentiel est d'être conscient de ce qui se passe en nous, sur le plan physique comme psychologique ; il est de garder le contact avec soi-même.

Seules la vigilance et la maîtrise permettent de rester acteur du processus, de le dominer plutôt que d'être dominé par lui, d'utiliser de façon créative cette énergie vitale mise en circulation. Sinon, le mécanisme de réponse est très puissant et réflexe. On est au niveau du cerveau limbique, le comportement se réduit à des réactions de peur et d'angoisse.

Tous les êtres humains n'ont pas les mêmes zones de confort. Ce qui sera déstabilisant pour l'un sera banal pour l'autre. Le stress commence lorsque nous sortons de nos zones de confort qui ne sont pas les mêmes pour tous. Le vrai talent consiste à oser aller se promener à la frontière de ces zones-là, en canalisant son énergie au service de la création.

Mobiliser le bon stress

Le stress est utile à l'organisme qu'il stimule. Ce serait par conséquent une erreur de vouloir le supprimer. Excepté dans des cas où les symptômes du stress sont de niveau pathologique et nécessitent un traitement médical, il s'agit de faire du stress un ami.

Cet apport du stress, notamment hormonal, sans prise médicamenteuse, sans injection, est précieux pour l'organisme. Il permet d'être dans une condition athlétique pour l'intervention oratoire. Yerkes et Dodson ont mis en lumière l'apport du stress et des sécrétions hormonales sous la forme d'une courbe. En ordonnée est indiqué le niveau de performance, en abscisse le degré de stress. Pour un niveau de stress nul, le niveau de performance est médiocre. De façon analogue, un niveau de stress maximal s'accompagne de panique et d'une performance ratée. Un stress présent mais maîtrisé s'accompagne du niveau de performance optimal.

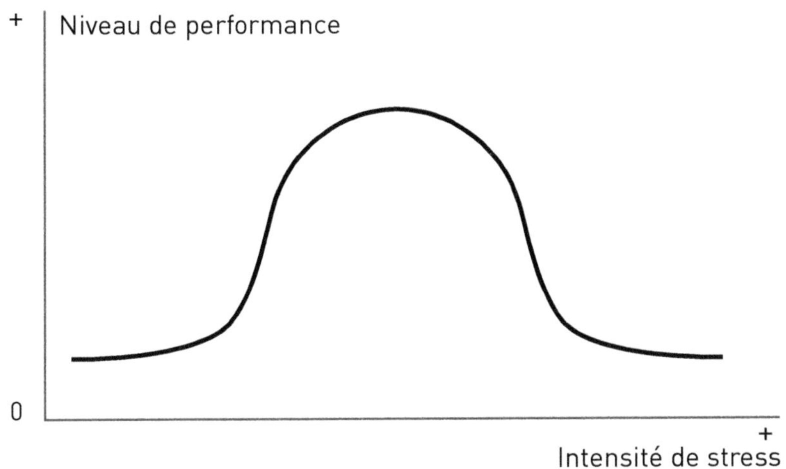

Relation entre stress et performance par Yerkes et Dodson

Méthode

Chercher à se débarrasser du stress par une prise de médicaments risque fort d'être contre-productif pour une double raison. C'est souvent renoncer à l'apport bénéfique du stress et notamment des sécrétions hormonales qui l'accompagnent. C'est prendre le risque des effets secondaires liés à la prise des médicaments inhibiteurs (somnolence, perte de vigilance, etc.).

L'enjeu est de parvenir à une régulation du stress par une réponse physique. Le corps est mon instrument oratoire. La façon dont je vais savoir le mobiliser dépend de moi. Vais-je savoir faire du stress un ami ?

Identifier ses propres symptômes

Un premier enjeu est d'identifier ses propres symptômes de stress, ceux qui reviennent régulièrement dans une situation d'anxiété, de façon à mieux connaître son propre fonctionnement. Une fois cette première prise de distance opérée, plusieurs exercices vont permettre de juguler les symptômes néfastes du stress afin de mieux profiter de ses apports.

Avant une échéance que je ressens comme importante, examen, entretien, animation de réunion, exposé..., est-ce que les mêmes symptômes de stress reviennent régulièrement ? Lesquels ? (Rougeurs, pâleur, suées, tremblements, irritabilité, accélération du rythme cardiaque, migraines, troubles digestifs, éruptions cutanées, insomnies... ?)

Quand ? Plusieurs jours à l'avance ? La veille, le matin même ? Au moment même de l'échéance ? Quels symptômes sont les plus fréquents ? Lesquels, insuffisamment maîtrisés, nuisent finalement à ma performance ? Suis-je capable de les réguler moi-même ? Ces symptômes atteignent-ils une intensité pathologique qui rend nécessaire d'en parler à un médecin ?

Affronter ses angoisses

J'identifie les causes ou les situations de stress qui se répètent. Dans quel contexte est-ce que je manque de confiance en moi ? La réponse ne peut être que personnelle et comporte une dimension psychique et mentale. En prendre conscience est le levier pour progresser.

> « Il m'est arrivé d'être terrorisé, devant une salle de 1 000 personnes. Je suis sorti de ce stress en leur disant : "J'aimerais que vous veniez à ma place, car c'est vraiment très très impressionnant..." Ils ont alors applaudi ! Et j'ai pu commencer ! »
>
> François Potier

Gérer physiquement son stress

Les réponses physiques sont complémentaires du travail psychique et mental. Une maîtrise du stress fondamentale : la respiration.

J'inspire profondément par le nez pendant cinq secondes, en respiration abdominale. Je tiens l'apnée pendant trois secondes. J'expire pendant dix secondes, en évitant de contracter la sangle abdominale le plus longtemps possible.

> « Avant un concert, je gère le stress en m'inventant des TOC (troubles obsessionnels compulsifs) ! Je donne un exemple : juste avant d'entrer en scène, mais à peine quelques secondes avant, je suis capable de retourner dans ma loge pour fermer un tiroir que je sais mal fermé. Ainsi, je reprends l'avantage. »
>
> Jean-Michel Jarre

Je renouvelle l'exercice une dizaine de fois, en essayant d'allonger chaque fois la durée de l'expiration. Je le réalise en entraînement en position couchée sur une surface dure de façon à laisser au repos les muscles qui ne sont pas sollicités par la respiration.

Pourquoi la respiration est-elle si importante et si efficace dans la gestion du stress ?

En respirant profondément, j'apporte davantage d'oxygène dans mon sang et je me débarrasse mieux des toxines qui y sont présentes. Or, le rythme cardiaque est directement lié à la composition chimique du sang. Moins celui-ci contient d'oxygène, plus le cœur aura besoin de battre vite pour assurer les apports nécessaires à l'organisme. En apportant plus d'oxygène par des respirations profondes, j'obtiens automatiquement et en quelques secondes une action sur le système parasympathique qui a une fonction apaisante au niveau des organes, et je provoque un ralentissement du rythme cardiaque.

La méthode de… Catherine Malaval

Se centrer sur autre chose

Se concentrer sur autre chose permet de se décentrer. Le trac, c'est une grosse centration sur soi… Par exemple, se sentir bien ancré dans le sol et se demander en quoi est ce sol. Si je réfléchis à cela, instantanément je retrouve mes moyens.

Un autre aspect est de se détendre physiquement : se vider complètement la tête, fermer les yeux et écouter tous les bruits autour de soi. C'est souvent très efficace !

Le premier pilier de la prise de parole : s'ancrer dans le sol

« Donnez-moi un point d'appui et je soulèverai le monde. »
Archimède

Avec des points d'appui qu'il trouve en lui-même, l'orateur trouve les bonnes conditions de départ pour parler en toutes circonstances. Les points d'appui de l'orateur sont au nombre de cinq. Ils ne sont pas l'alpha et l'omega de la prise de parole mais seulement l'alpha... Ils donnent le *la*, comme en musique. À chacun ensuite de composer sa symphonie... Le premier point d'appui est le plus évident. Chacun a déjà pu l'expérimenter depuis l'enfance. Il s'agit d'être stable sur ses deux pieds.

Parler debout devant les autres

Les piliers sont les points d'appui corporels que je peux mobiliser en toute situation. Ils contribuent à bien gérer le stress. Ils permettent de ne pas avoir besoin de table ou de pupitre pour parler. Avec mes points d'appui, je peux parler debout devant l'auditoire, sans rien d'autre que moi-même. Mieux encore, ils permettent de parler assis à une table ou debout derrière un pupitre, sans avoir besoin du pupitre ou de la table comme point d'appui. Ainsi, je m'en libère. De béquille, la table et le pupitre, derrière lesquels bien des orateurs médiocres croient pouvoir se protéger ou auxquels ils se raccrochent, parfois physiquement, en y crispant leurs mains, deviennent tremplin pour la prise de parole. Les points d'appui constituent également une position neutre de référence pour le corps et l'engagement physique de l'orateur. C'est une position de départ.

> « Plus je prends appui sur mon ressenti corporel, ma prise de terre, plus je suis dans l'instant présent. »
>
> Jean-Michel Jarre

Avant une prise de parole, chacun doit ainsi chercher son meilleur contact avec le sol pour, à la façon d'Antée, (*cf infra*) en tirer sa force. Les travailleurs du corps, les athlètes, notamment dans les sports de combat ou encore les danseurs ne font pas autre chose.

La seconde raison est qu'en étant stable lorsque je parle, je renvoie l'image de la stabilité, par conséquent d'une première crédibilité. Celui qui ne tient pas en place, qui, sans en avoir conscience, fait des pas de danse en parlant, se balance d'un pied sur l'autre ou qui a des tics de mouvement, renvoie l'image d'une personne qui n'a pas une bonne maîtrise de son corps et d'elle-même et perd en crédibilité.

La troisième raison est qu'une position tonique et tenue témoigne du respect que j'ai pour mon auditoire ; en revanche, une posture avachie envoie un message non conscient d'absence d'engagement, de manque de considération, voire de mépris.

En revanche, une fois conscient de mon ancrage dans le sol, sur mes deux pieds, je peux choisir de parler avec le poids sur une jambe, à condition d'en avoir conscience et que ce soit un vrai choix, et ainsi pour chaque point d'appui.

Comment Hercule a vaincu Antée

Les pieds constituent un point d'appui incontournable et le plus évident. Les Grecs et les Berbères avaient déjà mis en évidence son importance dans leur mythologie dans la figure du géant Antée. Antée est le fils de Gaïa (la Terre) qu'elle engendre seule ou avec Poséïdon (le dieu de la Mer), selon les traditions. Antée avait la particularité d'être pratiquement invincible tant qu'il restait en contact avec le sol, car sa mère, la Terre, ranimait ses forces chaque fois qu'il la touchait.

Antée vivait en Libye et défiait à la lutte tous les voyageurs. Il utilisait ensuite leurs dépouilles pour recouvrir le toit du temple de son père. Il est le sixième des travaux d'Hercule. Après avoir cherché vainement à le vaincre, Hercule comprend que sa force vient de son ancrage dans le sol. Il décide de soulever le géant de terre puis l'étouffe.

***Hercule et Antée*, bronze d'Antonio de Pollaiolo (1432-1498), Musée national del Bargello, Florence.**

Méthode

Trouver sa position neutre de référence. Avant chaque prise de parole, je me concentre techniquement et en silence sur mes points d'appui. Je vérifie ma stabilité, ma verticalité, je respire profondément, je fixe plusieurs points dans l'auditoire. Je mets ainsi à distance la pression liée à mon intervention orale. Cette distance est technique et professionnelle.

Avoir un bon positionnement des pieds

Chacun peut rechercher son écart optimal entre les deux jambes pour obtenir la meilleure stabilité.

Sentir le poids de son corps

Éprouver les différentes sensations pour les mettre en œuvre à bon escient en situation oratoire. Placer tout le poids du corps sur un pied, puis sur l'autre. À 50/50 sur les deux pieds. En avant, puis en arrière.

S'enraciner

Être sur ses deux pieds, avec la sensation de s'enfoncer dans le sol, au besoin en fléchissant légèrement les genoux.

Alterner mouvements et immobilité

Ancrage dans le sol ne veut pas dire pétrification. Là encore, les points d'appui ne définissent qu'une position de départ, une position neutre de référence. C'est souvent par le mouvement que l'orateur pourra créer de la variation et du rythme. Il faudra cependant veiller à ce que le mouvement ne vienne pas surcharger et par conséquent parasiter d'autres langages utilisés dans la communication.

Se mouvoir dans l'immobilité

La dynamique du mouvement peut enfin se vivre dans une immobilité apparente. Je fais un mouvement, avec les bras ou les jambes, puis je l'effectue à nouveau sans mouvoir les bras ou les jambes. Tout en restant immobile en apparence, mon corps garde la mémoire de l'impulsion du mouvement. Il s'enrichit ainsi d'une dynamique nouvelle qui crée une variation subtile mais à l'économie.

> « J'étais à un mariage. Je devais prendre la parole. Je ne savais pas trop comment m'y prendre. Tous ceux qui prenaient la parole à ce mariage savaient parler et pas moi. Et notamment un pote, un cousin. Je l'ai observé. Il m'a donné ce conseil : "Pense à la plante des pieds..." Les points d'appui, c'est soi. »
>
> Ali Baddou

Le deuxième pilier : tenir sa verticalité

« Il est curieux que le tronc soit l'organe préféré du statuaire qui en tire mille et mille nuances et qu'il soit oublié par l'acteur. »

Étienne Decroux, *Paroles sur le mime*

Il s'agit de positionner son corps de façon optimale dans l'espace. La verticalité ne correspond pas forcément à la position debout. L'orateur doit également chercher sa verticalité en position assise. Il faut ainsi comprendre la verticalité comme l'état d'un corps à la fois disponible et tonique. La tonicité dans la prise de parole est inséparable de la capacité à être détendu (cf. « Se concentrer et se rendre disponible », p. 51).

Allier tonicité et disponibilité

Au-delà du référentiel de base donné par l'exercice du fil à plomb qui permet à chacun de mieux positionner sa colonne vertébrale dans la position debout, la verticalité se travaille tout autant par des exercices de concentration, de relaxation et par des étirements physiques. Une bonne verticalité se fonde sur une conscience intime de son centre de gravité. Elle ne correspond surtout pas à la raideur du soldat au garde-à-vous. Elle est une approche en trois dimensions de l'engagement physique de l'orateur.

La verticalité a trois vertus :

- elle conditionne la meilleure stabilité et la meilleure dynamique corporelle que l'orateur puisse avoir. Elle correspond à un engagement physique où la combinaison entre tonicité et disponibilité corporelle est optimale ;

- elle nous grandit et stabilise aux yeux des autres. Elle est ainsi l'expression d'une dynamique corporelle. On peut être petit en taille et paraître immense et inversement, être un géant en taille et paraître comme voûté et fermé sur soi-même ;

> « Il s'agit d'un placement vertical dynamique, de se placer juste. Il s'agit d'une recherche de la sensation intérieure, de se placer juste par rapport à soi, de s'observer. La conception corporelle de chacun de nous est différente. »
>
> Nicolas Le Riche

- la verticalité est enfin la condition *sine qua non* d'une bonne emprise de la respiration grâce à la mobilisation de la colonne d'air *(cf. « Trouver sa voix et passer la rampe », p. 56)*.

Obama, Gainsbourg, Zidane… Le langage corporel des personnalités

Dans l'interview qu'il nous a accordée *(cf. p. 62)*, Nicolas Le Riche analyse le langage corporel de personnalités.

« Obama dégage une impression de naturel, mais il a une attitude corporelle ultra travaillée. Il est grand. Il balance quand il marche. Il a une démarche assez souple. Il dégage le sentiment d'une certaine ouverture par son attitude.

Zidane. J'ai été assez étonné en le voyant. J'ai vu un homme "très chargé", "un homme qui a vécu des choses". Il est près du sol. Il marche comme ça *(Nicolas Le Riche mime sa démarche)*, latéral, les jambes un peu arquées, ça produit un balancement.

Jacques Vergès. J'avais discuté avec lui. Il vous rend accessible sa pensée. Il est convaincant. C'était il y a une quinzaine d'années. Il était assis, stable, plein : il était là.

Loïc Le Fern, le plongeur en apnée. Il descendait à plus de 200 mètres. Il n'était pas terrestre quand il était là. J'en parle comme en opposition avec Vergès. Il était léger, pas posé sur le sol : il flottait.

Sarkozy. Il est petit et nerveux : tac-tac-tac. Il est léger d'apparence, mais seulement en apparence, car il est bouillonnant à l'intérieur. Il est en contraste avec des dirigeants d'entreprise que j'ai pu rencontrer qui étaient des personnes assez posées comme celles qui ont des responsabilités. Une opposition totale avec Sarkozy. L'attitude corporelle est différente, entre un hyperactif et un économe en mouvement...

Sting est un type qui a une aura incroyable. Il fait attention à son corps. Il a un corps vécu.

Nike Cave, beaucoup moins. Il est beaucoup moins dans la verticalité. Il a une stature, mais ça ne le remplit pas, au contraire. Il a un corps trop étroit. Pour ce qu'il a dans la tête, il est raide et sec corporellement.

Gainsbourg : la première fois que je l'ai vu, j'avais 12 ans. Je lui ai trouvé un truc tout bigarré. Une impression forte, physique. »

Méthode

Avoir conscience de son corps

Debout. Imaginer que l'on est tenu par un fil par le sommet du crâne. Les épaules sont basses, les bras ballants. Inspirer profondément en relâchant l'abdomen, les épaules ne doivent pas se relever. Expirer profondément. Et ainsi plusieurs fois de suite.

Se sentir en équilibre

Marcher le long d'une ligne imaginaire et tenir l'équilibre à l'aide des bras.

Deux méthodes de... Juan Carlos Tajes

La position d'équilibre

C'est le départ de toutes les autres positions. Il faut trouver la verticalité à partir d'un axe central déterminé par l'épine dorsale. Il faut aussi trouver la centralité, cette fois à partir du bassin dont le positionnement permet de placer le poids et le centre de gravité.

La position d'équilibre est celle où les tensions sont minimales. Les pieds sont comme agrafés au sol, on va alors d'avant en arrière. On éprouve les positions limites autour de l'axe central. En avant, sans relever les talons. Vers la position limite, les muscles abdominaux autour du nombril se tendent et te tiennent, le plus en avant qu'il est possible, sans tomber. En arrière, ce sont les muscles dorsaux qui travaillent. Il faut chercher la position d'équilibre qui provoque le moins de tension. Quand tu t'en éloignes, tu contractes. Les bras sont tranquilles sur le côté. Descendre sur les jambes pour sentir la verticale.

Pour vérifier la centralité du corps, il faut être attentif au poids réparti entre les deux pieds, puis on descend sur ses jambes ; on pousse sur les jambes vers le bas puis on tire vers le haut. On vérifie ainsi son positionnement par rapport à l'axe de la terre et on sent à la fois la verticalité et la centralité.

> « L'enjeu est bien d'obtenir le maximum de liberté. La verticalité, c'est tout sauf se tenir bien droit devant un miroir. »
>
> Jorge Parente

Rayonner avec les différentes parties du corps

Imaginer que l'on a une paire d'yeux supplémentaire au niveau de la poitrine et du bassin. Il y a des connexions entre les parties du corps. C'est organisé. La verticalité se décompose ainsi horizontalement dans les différentes parties du corps articulées ensemble : le bassin, le tronc et le visage. L'orateur qui a trouvé sa verticalité ne regarde plus seulement avec les yeux.

Penser la verticalité en trois dimensions

Fermer les yeux en se stabilisant sur la position du fil à plomb. Se concentrer sur son nombril et le mouvoir d'avant en arrière doucement de quelques centimètres. Penser au même mouvement de façon latérale et essayer de mouvoir le nombril de quelques millimètres.

Imaginer des ramifications qui relieraient le nombril aux pieds, puis le nombril au cerveau. Imaginer tout son corps tissé de ramifications. Avec une respiration profonde, travailler la disponibilité corporelle et le centre de gravité.

La méthode de... Chloé Latour

La couronne d'or

Première étape : en marchant, imaginer que l'on porte une couronne d'or sur la tête.

Deuxième étape : la couronne d'or tire gentiment vers le haut.

Troisième étape : toujours dans la même démarche, s'attacher à avoir les yeux doux (pour travailler la disponibilité et la maîtrise du stress).

Quatrième étape : élargir son champ de vision jusqu'à avoir une vision périphérique.

Cinquième étape : ce faisant, veiller à garder les épaules détendues et les jambes solides (ce qui permet de vérifier la qualité de son ancrage...).

> « La position avachie, corps vers l'avant, ne permet pas de respirer correctement. Les muscles doivent pouvoir travailler dans leur pleine et entière fonction. Un ministre avait des sensations d'étouffement, le souffle court. Il s'avère que l'on pouvait monter le pupitre très simplement, de façon électronique. On a demandé qu'on le rehausse de 10 cm. Cela a suffi à résoudre le problème. »
>
> Hervé Pata

Le troisième pilier : avoir une respiration pleine

« L'inspiration vient en inspirant. »
François Proust

La respiration pleine (ou costo-diaphragmatique) correspond à des poumons déployés de façon optimale. Elle est à la fois haute et basse, ventrale et dorsale. C'est par un mouvement descendant du diaphragme, muscle relié aux alvéoles pulmonaires et qui les entraîne dans son mouvement, que les poumons peuvent se déployer vers le bas. Cette respiration pleine correspond à une capacité d'air moyenne de 4 à 7 litres pour l'homme et de 3 à 5 litres pour la femme.

Les sept fonctions de la respiration pleine

Contrairement à une idée reçue, la respiration pleine est bien la respiration naturelle. Elle est celle du dormeur et du bébé. C'est en raison de la pression subie au quotidien que l'on a tendance à se bloquer en respiration haute et à alimenter ainsi le cercle vicieux du manque d'oxygène, de la tachycardie et de la voix haletante.

> « La respiration remet tout à disposition dans le corps, prise de terre, émotion, analyse, tout est bien branché, connecté »
> Hélène Dupont

La respiration pleine a sept fonctions pour l'orateur. Elle lui permet :

1. d'avoir la prise d'air maximale. Or, l'anxiété conduit souvent l'orateur à se bloquer en respiration haute. Les côtes se resserrent, les épaules sont raides et le diaphragme descend à peine lors de l'inspiration. Les poumons ne se déploient pas. Il en résulte une prise d'air inférieure de moitié à la capacité normale de l'organisme ;

2. de disposer de ressources pour parler. L'air est le carburant de la voix ;

3. d'avoir une bonne projection vocale. Plus la réserve d'air est importante, plus il est facile d'avoir un souffle régulier. Or, le mouvement diaphragmatique entraîné par la respiration pleine présente une seconde vertu. Lors de l'expiration et de la contraction des poumons, le diaphragme joue le rôle de frein et permet une régulation du souffle en douceur ;

4. d'augmenter le taux d'oxygène dans le sang. Or, le rythme cardiaque est directement tributaire de la composition chimique du sang. Plus le taux d'oxygène y est important, plus il peut ralentir. Par la respiration, j'agis donc directement sur un symptôme négatif du stress ;

5. d'assurer une oxygénation optimale des muscles et une détente musculaire. La respiration pleine contribue ainsi à une détente musculaire et à une ouverture corporelle qui permettent un meilleur déploiement de la voix ;

> « Les danseurs sont des êtres vivants. Pour vivre, il faut respirer. Respirer, c'est inspirer et expirer, tout simplement. Sur scène, c'est dans la respiration que se trouve souvent un des défauts les plus flagrants. Il faut savoir que c'est quelque chose. Ce n'est pas rien. Il faut être à l'écoute de sa respiration. »
>
> Nicolas Le Riche

6. d'avoir un meilleur échange avec l'auditoire. C'est apparemment imperceptible et pourtant le détail a son importance. En inspirant, je reçois l'air de la salle où sont mes auditeurs ou interlocuteurs. En expirant, je donne. Un échange physique s'opère qui mérite d'être accentué notamment lors d'une entrée en scène *(cf. « Préparer la première et la dernière impression », p. 113).* *A contrario,* un orateur en apnée, réflexe négatif d'une situation de trac, renvoie l'image d'une personne raide, coincée, fermée sur elle-même ;

7. d'être inspiré. L'inspiration vient en inspirant !

Méthode

Avoir conscience du positionnement de ma respiration

Comment savoir si je suis en respiration haute ou pleine ? J'observe le mouvement de mon buste lors de l'inspiration. En respiration haute, seule la poitrine prend du volume.

En respiration pleine, la poitrine gonfle légèrement mais plus encore le ventre par la poussée du diaphragme sur les viscères. Le mouvement n'est sans doute pas esthétique, mais il est efficace. Un chanteur lyrique en use très largement.

> « La respiration permet d'éviter les tensions musculaires qui vont perturber la projection de la voix. Il faudra apprendre à utiliser la partie basse des poumons plutôt que la partie haute. Toute tension musculaire au niveau du cou et du larynx se traduit en effet par des sons qui ne sont ni libres ni harmonieux. »
>
> Hervé Pata

Comment identifier la respiration que j'utilise ?

Allongé sur le sol pour relâcher les muscles qui ne concernent pas la respiration. J'inspire et j'observe la partie du tronc qui prend du volume au moment de l'inspiration. Si c'est le buste et les épaules qui s'élèvent, je suis en respiration haute. Si c'est l'abdomen, je suis en respiration basse.

Mobiliser la respiration basse en position allongée

Toujours allongé sur le sol, j'inspire pendant cinq secondes par le nez, je tiens l'apnée pendant trois secondes puis expire par la bouche pendant dix secondes. Je veille à laisser l'abdomen libre et prendre de plus en plus de volume au moment de l'inspiration. Je veille à ce que le buste ne s'élève pas afin de bien isoler respiration basse et haute. Je renouvelle plusieurs fois l'exercice. Si j'ai des difficultés à mobiliser la respiration basse, je pratique l'exercice cinq minutes par jour pendant deux à trois semaines jusqu'à pouvoir respirer profondément debout et sans avoir à y penser.

La méthode de... Laurence Daïen-Maestripieri

Trouver sa respiration basse avec une paille imaginaire

Pour l'inspiration : imaginez que vous inspirez dans une paille en plaçant votre main sur le ventre, automatiquement, cela placera votre respiration « basse ».

Pour l'expiration, expirez sur un « CH... » bien sonore.

Réguler son souffle afin de mieux maîtriser sa voix

Debout, j'inspire par le nez pendant 5 secondes. Je tiens l'apnée pendant 3 secondes. J'ai resserré mes lèvres comme si je voulais aspirer un liquide avec une paille. Les lèvres ainsi formées, j'expire en veillant à avoir un souffle continu d'abord pendant 10 secondes, puis 15, 20, 25... Il est primordial de travailler avec un souffle constant et de maîtriser parfaitement le moment où je cesse de souffler, sans baisse de la qualité du souffle dans les instants qui précèdent.

Le quatrième pilier : poser un regard assuré et précis

> « *L'œil écoute.* »
> Paul Claudel

Une idée reçue dans l'art oratoire est qu'il faudrait balayer l'auditoire du regard. Par un tel mouvement, le regard reste flottant et l'orateur en déséquilibre. Fixer un point permet de trouver une stabilité interne. Un seul point fixe limiterait bien entendu la relation avec le public. L'enjeu est donc de multiplier les points fixes, successivement, grâce à un regard mobile mais à chaque instant assuré et précis. Le regard de l'orateur est divergent, celui du public convergent.

Les sept fonctions d'un regard assuré et précis

Le regard a sept fonctions principales pour l'orateur. Il lui permet :

1. **D'obtenir un équilibre interne** assuré par le cervelet, grâce à un regard fixé sur un point ;

2. **D'assurer le contact avec l'auditoire.** Il témoigne de ce que l'orateur lui adresse un message. Ainsi, l'ensemble du public peut se trouver concerné et l'orateur trouve sa stabilité. En revanche, si je me laisse hypnotiser par un membre de l'auditoire (le supérieur hiérarchique, l'ami, la personne importante du moment),

> « L'orateur a le regard ouvert. Il y a de grandes différences entre voir et regarder. Voir, c'est une notion physique, regarder, c'est une notion psychologique. Quand les épaules se tournent avec la poitrine, alors là tu es disponible, engagé corporellement. Tu demandes de l'attention mais tu donnes de l'attention. »
> Juan Carlos Tajes

je risque de perdre l'attention du reste de l'auditoire qui pourra le ressentir comme un manque d'écoute et de respect. C'est par le regard que l'on se fait écouter ;

> « Au spectacle des Enfoirés, avec 15 000 personnes à Bercy, comme dans une petite salle... Face à une salle pleine, comme face à une salle vide (on triche un peu... il faut alors se l'imaginer pleine...)... Oui... comme si l'on regardait une personne dans les yeux... comme si l'on s'adressait à chacun personnellement. »
>
> Mimie Mathy

3. **D'exprimer ses sentiments.** Les yeux sont « le miroir de l'âme », disait-on au XVIIe siècle ;
4. **D'être attentif** aux moindres mouvements du public et à la qualité de sa concentration. En ce sens, on ne se contente pas de voir, on regarde. L'« œil écoute » ;
5. **De donner une variation** et par conséquent un rythme au propos ;
6. **De régler le volume sonore de la voix.** Le regard est un rail pour la parole. Il permet la prise d'espace ;
7. **De témoigner enfin de l'éclat de l'orateur** grâce au brillant des pupilles.

Méthode

Faire succéder des points fixes

Pour n'oublier aucune partie de la salle, je projette mon regard en dessinant un « M », succession de points fixes, dans la salle.

Donner un sens à son regard

Je guide le sens de mon regard non à partir de moi-même, mais à partir de la salle. Par exemple, en Occident, au lieu de regarder de gauche à droite, dans le sens de lecture de l'orateur, je regarde de droite à gauche, dans le sens de lecture des auditeurs. Ainsi font des personnalités politiques telles que Nicolas Sarkozy ou Barack Obama.

Trouver son équilibre interne

Je parle les yeux fermés et j'expérimente les changements par rapport à la parole, yeux ouverts.

« L'orateur doit parler avec des "seeing sparkling eyes", des "yeux pétillants qui voient" : qui voient quoi ? Pas seulement le public, mais aussi voir ce que l'on est en train de dire, on le ressent dans le corps. Le regard est ainsi un vecteur d'émotion, d'autorité. On sourit aussi avec les yeux. »

Paul Vialard

Le cinquième pilier : habiter les silences

« Le silence qui suit du Mozart, c'est encore du Mozart. »
Sacha Guitry

Le silence est le grand oublié des manuels de rhétorique. Il est pourtant la pierre angulaire de toute intervention orale et de son rythme. Il dépend pourtant de l'orateur que le silence ne soit pas un vide, mais qu'il cristallise au contraire la force de sa conviction et la richesse de la relation à l'auditoire. La qualité de la parole procède de la qualité du silence. La parole n'a de poids que par rapport au silence.

Les sept fonctions du silence

Le silence de qualité est également doté de sept fonctions principales. Il permet :

1. **De nouer et de nourrir la relation** entre l'orateur et son auditoire. Dans le silence, l'orateur n'est en outre présent que par le non-verbal et lui donne une puissance accrue. Dans le silence de qualité, l'orateur est présent par un charisme dépouillé. C'est celui qui restera le plus souvent en mémoire. En ce sens, la prise de parole a quelque chose d'impudique et de charnel qui explique que bien souvent on n'ose pas s'exposer ;

« Le silence me fait penser à l'espace. On évolue dans l'élément qui est l'air. Le silence, c'est quelque chose. Le silence n'est pas l'absence de tout et rien. C'est du temps. Un long silence n'est pas la même chose qu'un court silence. »
Nicolas Le Riche

2. **De donner le temps initial** où l'orateur s'assure de ses cinq points d'appui et aborde techniquement, par conséquent avec une distance sereine, son intervention ;

3. **De ponctuer le propos** et de lui insuffler un rythme ; il permet des variations ;

4. **De créer du suspense** s'il est judicieusement placé avant un terme ou une idée que l'on souhaite mettre en valeur ;

> « Il y a cette idée reçue à la radio. Il faudrait fuir le silence, les "blancs". Tout silence n'est pourtant pas une catastrophe. À la radio, le silence fait sens. Je ne veux pas être dans la course aux mots. »
>
> Ali Baddou

5. **De clarifier l'idée** que l'orateur va exprimer ;

6. **À l'auditoire d'entendre** ce qui est dit, de le ressentir, de se l'imaginer et de le comprendre. Il est le temps de la réception. Gaston Bachelard, philosophe, opposait les « silences pleins », au cours desquels chacun est tout rempli de ce qui se passe ou qui vient d'être dit, aux « silences creux », durant lesquels chacun se sent gêné et s'empresse de « meubler » en parlant ;

7. **De prendre le temps** d'être sensible aux réactions de l'auditoire. Dans le silence, j'écoute mon public.

Un « orateur fauve » : Mirabeau vu par Chateaubriand

Dans ce portrait tiré des *Mémoires d'Outre-Tombe*, Chateaubriand fait ressortir la puissance quasi animale du tribun révolutionnaire qui « secoue sa crinière », « lève sa patte », « montre ses ongles » ; Mirabeau est capable de déclencher les passions d'un peuple « furieux » en restant lui-même « impassible », habité par ses silences qui signent sa relation à l'auditoire. Où l'acte oratoire s'affirme comme un acte charnel...

« La laideur de Mirabeau, appliquée sur le fond de beauté particulière à sa race, produisait une sorte de puissante figure du *Jugement dernier* de Michel-Ange, compatriote des Arrighetti. Les sillons, creusés par la petite vérole sur le visage de l'orateur, avaient plutôt l'air d'escarres laissées par la flamme. La nature semblait avoir moulé sa tête pour l'empire ou pour le gibet, taillé ses bras pour étreindre une nation ou pour enlever une femme. Quand il secouait sa crinière en regardant le peuple, il l'arrêtait ; quand il levait sa patte et montrait ses ongles, la plèbe courait furieuse. Au milieu de l'effroyable désordre d'une séance, je l'ai vu à la tribune, sombre, laid et immobile : il rappelait le chaos de Milton, impassible et sans forme au centre de sa confusion. Mirabeau tenait de son père et de son oncle qui, comme saint Simon, écrivaient à la diable des pages immortelles. On lui fournissait des discours pour la tribune : il en prenait ce que son esprit pouvait amalgamer à sa propre substance. S'il les adoptait en entier, il les débitait mal ; on s'apercevait qu'ils n'étaient pas de lui par des mots qu'il y mêlait d'aventure, et qui le révélaient. Il tirait son énergie de ses vices ; ces vices ne naissaient pas d'un tempérament frigide, ils portaient sur des passions profondes, brûlantes, orageuses[1] » (cf. « Faire parler le non-verbal », p. 38).

Méthode

Nettoyer sa parole des scories

S'enregistrer sur une prise de parole impromptue d'une minute. Compter les parasites « bah », « euh », « en fait »... Renouveler l'exercice en s'efforçant de tous les bannir.

Vaincre sa peur du silence

Tenir le silence pendant de longues secondes face à l'auditoire, en s'acceptant et en dépouillant sa présence.

La méthode de Jorge Parente

S'écouter respirer dans le silence

Inspirer longuement par la narine droite en appuyant de l'index sur la narine gauche, puis inversement par la narine gauche en appuyant sur la narine

1. Chateaubriand, *Mémoires d'Outre-Tombe*, V, I.

droite. Chaque fois, observer les sensations dans son corps et les comparer, côté droit et côté gauche.

La méthode de… Laurence Daïen-Maestripieri

Placer les silences à partir d'un texte

Lire le texte normalement.

Lire le texte en disant les signes de ponctuation à voix haute en soutenant le silence d'un regard adressé.

Lire le texte en remplaçant les signes de ponctuation par des silences qui dureront le temps de la ponctuation prononcée dans sa tête avec un soutien du regard.

Lire le texte en plaçant soi-même sa propre ponctuation, sans tenir compte de celle du texte ; penser son phrasé comme une période de souffle que l'on choisit. L'orateur devient chef d'orchestre.

> « Il y a un vrai intérêt du blanc à la télé. Le blanc est télégénique ! On surprend quelqu'un qui réfléchit, pris de cours, surpris par une question, qui est ému. Le blanc à la télé, c'est de l'émotion, la vérité aussi de la personne, c'est aussi une forme de réponse. »
>
> Catherine Malaval

Juan Carlos Tajes, Jorge Parente, Paul Vialard

Juan Carlos Tajes est un artiste multiple. Chanteur de tango, comédien et metteur en scène, sculpteur et dessinateur. Menacé d'arrestation et de déportation en 1973, il fuit la dictature en Uruguay et parcourt l'Europe. Il s'est établi depuis en Hollande, d'où il a développé son œuvre.

Jorge Parente est spécialiste du travail corps-voix. Il enseigne la méthode développée par Sigmund Molik, cofondateur du théâtre-laboratoire de Wroclaw avec Jerzy Grotowski, dont il est dépositaire pour le monde. Il donne aujourd'hui des Master class sur les cinq continents.

Paul Vialard est auteur, compositeur et interprète. Après une formation à Sciences Po à Paris, au King's College et au Royal College of Music de Londres, il se consacre au chant.
Interview croisée. C'est sous une verrière et autour d'une soupe rustique qu'il a cuisinée – à partir d'un cahier de recettes manuscrites hérité de sa grand-mère – que Juan Carlos Tajes nous reçoit dans son atelier d'Amsterdam. Par moment, l'un ou l'autre se lève, fait quelques pas puis se rassoit.

La position verticale ?

Juan Carlos Tajes : C'est le départ de toutes les autres positions. Il faut trouver la verticalité à partir d'un axe central déterminé par l'épine dorsale. Il faut aussi trouver la centralité, cette fois à partir du bassin dont le positionnement permet de placer le poids et le centre de gravité. La position d'équilibre est celle où les tensions sont minimales. Les pieds sont comme agrafés au sol, on va alors d'avant en arrière.

Jorge Parente : Un geste simple pour éprouver la verticalité : détendre le genou puis le tendre au maximum puis relâcher.

Paul Vialard : C'est une position d'équilibre où le diaphragme doit être libre. C'est ainsi une position où le poids du corps se répartit parfaitement sur les hanches et les muscles du bassin, qui sont conçus pour le supporter, eux-mêmes se reposant sur les jambes, et bien sûr, sur les pieds, point essentiel de contact avec la terre pour y trouver l'énergie dans cette position verticale. C'est finalement la position la plus « naturelle », celle où le corps n'est pas en tension, où il y a le minimum de fatigue. Elle est valable pour la tenue mais aussi essentielle pour la voix.

> « La verticalité, c'est un arbre dans la tempête. C'est tout autant un roseau, car il y a la liberté du roseau à l'intérieur. »

Jorge Parente : L'enjeu est bien d'obtenir le maximum de liberté. Je suis ainsi toujours gêné de parler de la verticalité aux étudiants. La verticalité, c'est tout sauf se tenir bien droit devant un miroir.

... l'arbre dans la tempête. Tu peux être soumis à tout, mais tu restes toi. Mais autant un roseau, car il y a la liberté du roseau à l'intérieur. La verticalité ne doit surtout pas être rigide. La verticalité, c'est la position qui va servir tout ce que l'on a à faire. Un changement d'appui et tout ce qui est lié à la liberté de la respiration de la vibration. La verticalité apporte la disponibilité. Elle place dans un état d'équilibre pour mettre cette disponibilité au service de ce que tu as à dire. Elle permet le moment où l'on trouve sa solution et où le corps va trouver la note.

Verticalité et voix ?

Jorge Parente : La verticalité permet à l'organe vocal de fonctionner de manière optimale. Elle permet de respirer mieux et d'ordonner les idées, de mieux maîtriser son corps pour projeter la voix.

Paul Vialard : Grâce à la verticalité, la voix sonne, comme un instrument (comme un violoncelle avec sa caisse de résonance). En chant lyrique, c'est d'ailleurs la vision que l'on adopte : on travaille sa voix comme on travaillerait, par exemple, le violoncelle, on cherche le meilleur son, on le polit, on l'enrichit et on se l'approprie. Le corps est un espace de résonance. S'il n'y a pas de tension, la vibration circule mieux dans tout le corps. On reste libre au niveau du tronc et du bassin, ce qui permet de mettre moins de pression sur le larynx lorsque l'on veut projeter sa voix.

Jorge Parente :... et laisse plus de place aux harmoniques...

Juan Carlos Tajes : Je lève un bras. C'est la métaphore de l'aile appliquée au corps humain. Ça ouvre le côté du corps. Ça ouvre la voix. Il m'arrive de chanter certains moments du tango le bras levé, la main repliée sur le front, sans avoir à y penser. Pour certains moments de la voix, le corps bouge instinctivement pour trouver la solution vocale. La verticalité va aider à être conscient de son corps et à faire ses choix.

La relaxation ?

Jorge Parente : Quand on a plus de tranquillité, on est moins préoccupé et plus sensible à la réception de ce que l'on fait.

Juan Carlos Tajes : On retrouve la verticalité. L'axe est déstressant. S'il y a force en bas, le haut devient libre.

La voix, ça se travaille ?

Paul Vialard : Bien sûr, c'est même quasiment indispensable. La base, c'est le souffle. Puis vient tout le travail de la résonance.

Il y a une résonance naturelle sous le larynx, que l'on peut bien sûr optimiser ; mais ce qui va surtout enrichir le son, ce sont toutes les zones sublaryngiques – pharynx, c'est-à-dire la gorge et le dessous du palais – mais aussi les cavités nasales, les sinus, et la bouche, jusqu'aux lèvres. Il y a ensuite un travail de projection à effectuer : volume, diction/articulation/prononciation.

« L'axe est déstressant. S'il y a force en bas, le haut devient libre. »

Jorge Parente : On peut travailler seul sa voix bien sûr, mais il faut des exercices précis ou guidés. Ça se travaille de beaucoup de manières : de façon très pointue comme un chanteur lyrique ; on peut aussi l'aborder autrement, par le jeu, par le mot. Entendre le mot et sa résonance : où est-ce qu'il m'emmène dans mon imaginaire ? Qu'est-ce qui va apparaître derrière le mot ? Quelle différence si c'est moi ou un autre qui parle ou qui chante ?

Peut-on changer sa voix ?

Paul Vialard :... Oui, l'optimiser.

Jorge Parente :... Oui, la changer. J'en connais plusieurs qui ont changé leur voix.

Paul Vialard : Je pense à un chanteur lyrique, de bel canto, très connu, Juan Diego Florez : il a une voix très légère, et qui surprend initialement, tellement elle est inhabituelle. Elle est fine comme un fil de rasoir, mais la résonance qu'elle possède par l'usage de tous les résonateurs peut la faire voyager dans un auditorium de plusieurs milliers de spectateurs. Ce n'est absolument pas une question de volume : si quelqu'un a une petite voix mais développe une telle résonance, ça voyage de manière déconcertante. C'est trouver cette qualité de résonance supplémentaire, ce « pinge » comme disent les Anglais (le mot lui-même peut aider à comprendre, par l'image : « ping ! ») : c'est alors tout le devant de la tête qui vibre, comme une mini-explosion atomique dans notre crâne.

Jorge Parente : J'ai entendu des voix se transformer très rapidement par la prise de conscience de l'articulation.

Paul Vialard : Un son bien produit peut voyager en toi. Les chanteurs anglo-saxons parlent de *spinning sound*, un son qui « tourne » à l'intérieur du corps comme une bobine de fil de dynamo, un cercle d'énergie, un moulin de son qui alimente la richesse de la voix constamment à partir de la vibration du corps. C'est à ce moment que la voix produit alors naturellement le fameux « vibrato » qui ne doit pas être forcé mais qui est inhérent à la vibration. Le contraire, c'est une sensation de blocage, un son plat, unidimensionnel.

« Un son bien produit peut voyager en toi. »

Quelle relation entre le geste et la parole ?

Jorge Parente : Quand le corps, la respiration et la note sont connectés, tu retrouves des harmoniques dans ton mouvement, lorsque le corps est disponible, ça vient enrichir. Ce n'est pas un effet mais un geste, le mouvement est au service de la parole.

Paul Vialard : Un geste peut aider à appuyer le son. Si j'ose dire, la posture/gestuelle, la voix et le regard sont comme le jambon, le fromage et l'œuf dans la galette bretonne : on dit en Bretagne, « dans la galette tout se complète ». Il y a un prolongement de la voix par le corps, et le geste se marie au son, à la direction du regard, et devient l'expansion de la verticalité dans l'espace.

Jorge Parente : Le regard, c'est aussi le fil de la pensée. C'est le rapport à l'espace et à soi, ce qui permet de rééquilibrer. C'est le rapport à l'espace et à l'autre.

Première et dernière impression ?

Paul Vialard : Je me souviens d'une chanteuse lyrique à l'Opéra de Seattle. J'assistais à la représentation des coulisses, et cette femme termine sa scène (elle jouait un jeune compositeur qui se dispute violemment avec son professeur car la représentation de son œuvre a été annulée) et sort d'un pas très énergique, dans l'énergie de la colère. Elle a marché sur moi du milieu de la scène, fonçant comme une bête sauvage, et a continué sa course sur une quinzaine de mètres alors qu'elle était déjà hors champ pour la salle.

Juan Carlos Tajes : L'orateur doit prendre la salle dans le premier moment, dans le moment du silence. À la fin, il ne faut pas relâcher la salle. Le discours ne se finit pas avec le dernier mot. C'est toujours là l'enjeu : ça se finit bien après les applaudissements.

Propos recueillis par Cyril Delhay

Paroles de Alain Souchon

Alain Souchon, auteur-compositeur-interprète et acteur, est connu dans le monde entier. Il a composé une vingtaine d'albums studio et live depuis 1974, sans compter plus d'une trentaine d'albums solo.
Après son concert, nous nous retrouvons autour d'un verre. Alain Souchon est à la fois détendu et très présent : il souhaite toujours que ce qu'il va exprimer soit au plus près de ce qu'il ressent.

Alain Souchon : Avant de commencer, puisque l'on parle de parler en public, il faut savoir qu'il y a des gens qui ont du plaisir à se montrer, à se faire entendre. J'en fais partie, capter l'attention est un plaisir. Il y en a d'autres qui n'aiment pas ça.

Faites-vous des exercices d'entraînement ?

Des exercices vocaux, oui. J'ai eu longtemps un professeur de chant, Mme Charlot. Elle est célèbre, elle a accompagné beaucoup de chanteurs. Elle nous a quittés, je continue tout seul, je fais des exercices chez moi, dans ma loge, là où je suis. Cela permet de sécuriser ma voix, d'être plus sûr. Et puis il faut aussi une hygiène de vie, on ne peut pas longtemps boire de l'alcool la nuit et chanter le lendemain…

> « Je reste trente minutes dans le noir avant de chanter. »

Travaillez-vous votre position corporelle ?

Non, je ne l'ai pas travaillée. Ma femme me dit : « Tiens-toi droit ! » Mais c'est le ventre qui pousse la voix. Je baisse les épaules, je fais des efforts avec mon ventre. Et j'essaye de me tenir droit.

Vous avez le trac ?

Oui, ça m'aura gâché tout le plaisir à chanter sur scène, sauf à partir du milieu du concert. J'ai le cœur qui bat. J'ai toujours été comme ça.
Pour lutter, je me concentre sur ce que j'ai à faire, je répète, je me concentre sur ma première chanson, je fais abstraction des gens, et petit à petit je me laisse prendre par eux. Au départ je suis tout seul, et comme j'ai une mémoire pas terrible, ça m'inquiète et je rabâche.

Je reste trente minutes dans le noir avant de chanter.
Aujourd'hui j'ai moins le trac, mais c'était terrible, comme à l'école, quand on m'interrogeait, je ne savais plus rien.
Cette année, c'est la première fois où je suis plus détendu. Mais sinon je prends des trucs pour dormir.
Le trac, je ne vois rien de positif là-dedans. Pendant la première heure de concert, je suis dans la concentration. Après ce temps-là vient le plaisir, le soulagement, je suis détendu, heureux.

Vos textes, comment faites-vous ?

J'ai l'impression d'avoir de la chance de ce côté-là, de dire des choses qui coïncident avec mes frères humains. Je ne fais pas exprès.
Je marche beaucoup pour trouver des mots, les assembler, pour qu'ils aient un charme. Les sujets dont je parle, ça coïncide. Par exemple *Allô Maman, Foule sentimentale,* pour moi, c'étaient des chansons comme les autres quand je les ai faites, et la maison de disques m'a dit : « Ça, c'est un hymne ce que tu viens de faire. » Je ne le savais pas. Quand, je fais la chanson, je ne sais pas que c'est une chanson forte.
Les écrivains, c'est pareil, Sagan, Modiano, que j'aime beaucoup, il y a des romans forts.
Et puis il y a aussi le plaisir d'agencer des mots qui vont avec des notes, le plaisir de faire, de trouver.

Créer, ça vous fait souffrir ?

Non, pas souffrir, mais c'est parfois un casse-tête !

Avez-vous eu des moments de panique sur scène ?

Le Bagad de Lann-Bihoué, je ne peux la faire que tendu, cette chanson. Un soir, à l'Olympia, à l'époque où je faisais du cinéma, avec dans la salle plein de gens célèbres, je commence, je me trompe. Ça va dans une chanson plaisante, mais là, elle est tendue celle-là. Je me retrompe. J'avais honte, je ne savais plus où me mettre. C'était comme si je tombais dans un trou. Je recommence une troisième fois. Ça passe. Les gens ont applaudi. Peut-être avaient-ils pitié ?
J'ai merdé sur cette chanson ! C'est mon pire souvenir.

Comment vous détendez-vous ?

Quand je suis tendu, ça se manifeste vers le bas du dos, ou le haut quand il y a mal-être, de l'inquiétude. Je me détends en marchant, dans la montagne, j'emporte un casse-croûte. Et je marche.

Propos recueillis par Hervé Biju-Duval

Avant, pendant, après : à chacun son charisme

L'autorité, c'est *l'auctoritas* latine. C'est l'aura qui se dégage de chacun. Elle est variable dans le temps et selon les circonstances. Il y a des occasions de prise de parole qui permettent à des personnalités, que l'on ne discernerait pas sinon, de se révéler.

Le charisme se façonne tout au long de la vie ; c'est une façon d'être au monde. Les rencontres, les découvertes, les lectures irriguent la personnalité et chacun peut nourrir ses prises de parole de ce capital accumulé. Le charisme n'a pas besoin d'être affecté ou surjoué.

Il se fonde sur deux qualités, l'écoute et l'engagement personnel. Chacun peut avoir des prédispositions, mais l'essentiel reste dans le travail. Ce travail ne se réduit pas à une quelconque habileté technique. La virtuosité verbale ne saura masquer longtemps une absence de valeurs. Comme il y a un centre de gravité physique de l'orateur, à chercher et à travailler, on peut parler d'un centre de gravité intellectuel et moral à questionner et à forger.

Savoir écouter un interlocuteur

« Celui qui ne sait pas se taire ne sait pas non plus parler. »
Sénèque

De l'écoute dépend la qualité de la relation à l'autre dans la prise de parole. L'écoute est attention à l'autre et capacité de concentration. L'écoute est le préalable à la compréhension réelle, pour sortir de son propre champ de conscience et de sa propre vision, pour mieux aller vers ceux de l'autre. L'écoute est cependant rarement totale. Elle demande un effort constant. Elle nourrit aussi la qualité de sa propre parole.

Les différents niveaux d'écoute (voir schéma page précédente) peuvent ainsi être schématisés dans six qualités de la relation à l'autre :

- niveau 1. Je n'écoute pas. Je suis ailleurs. La bulle est vide ;
- niveau 2. J'écoute le début puis je prolonge sur mes propres réflexions. J'arrête d'écouter. Je n'ai pas discipliné mon écoute ;
- niveau 3. J'écoute et tout à coup, j'arrête d'écouter :
  - — parce que je ne suis pas d'accord. « Je ne vais pas continuer d'écouter quelqu'un avec qui je ne suis pas d'accord »,
  - — je crois savoir où il veut en venir. Je ne me donne plus la peine d'écouter. Je passe ainsi à côté d'éléments précieux,
  - — ça ne m'intéresse pas,
  - — je prépare ma réponse. Je suis tellement avide de dire ce que j'en pense que je laisse tomber la parole de l'autre. Ce que j'ai à dire est tellement plus important...

- niveau 4. Je n'écoute pas. Tout à coup, un mot accroche mon oreille. J'écoute enfin, mais j'ai manqué beaucoup d'éléments ;
- niveau 5. L'écoute alternée. J'écoute, je n'écoute pas, souvent au gré de mon bon plaisir. Je plane. Je ne discipline pas mon écoute. J'accepte que ma contribution à ce qui est en train de se passer ne soit pas importante. Je ne suis pas engagé ;
- niveau 6. L'écoute empathique. Je laisse de côté ce que je pense du sujet dont on parle. Je m'en libère. Je me détache de mes propres convictions pour me mettre au service de ce que l'autre pense. Pour approcher depuis son intérieur à lui ce qu'il dit, pourquoi il le dit et comment il le dit. C'est un état rare qui demande une forte concentration, une mise à distance de ses propres convictions et une disponibilité qui confine à l'abnégation. Me rendre disponible à la vision du monde de l'autre. L'écoute empathique permet une écoute pleine et active. J'écoute ce que dit l'autre mais aussi ce qu'il ne verbalise pas. Ce qu'il n'arrive pas à dire comme ce qu'il ne veut pas dire. Le non-dit et les signes physiques maîtrisés ou non par mon interlocuteur, les signaux, la congruence, cohérence et convergence entre les mots et l'attitude, et l'incongruence lorsqu'il n'y a pas cette cohérence. J'écoute aussi ce qui se passe en moi. Ce qui résonne en moi. Je suis attentif à l'évolution de la relation au cours de l'échange et j'adapte mon comportement en fonction de cela. Même de façon non verbale, je participe à l'échange.

> « Lorsque l'on dit un mot, le sens des mots et la résonance sont sur la personne qui vous écoute. Ce n'est pas juste quelque chose qui est lancé. Il s'agit d'écouter sa propre résonance chez l'autre. Les mots ont un sens. Il faut être à leur écoute pour savoir réellement ce que l'on dit. C'est cela aussi prendre l'espace. »
>
> Nicolas Le Riche

Écouter, dire, répondre, animer

Christian Boiron, PDG des laboratoires du même nom, se souvient : « En Italie, je conduis des réunions avec des médecins homéopathes. Ils ont de Boiron une image fausse ou négative. On a commencé par Naples, j'ai parlé trois heures, ils n'ont pas posé de questions... Ce n'était pas vraiment ça, il fallait changer la méthode.

Je me suis fait des fiches : lors de la réunion suivante, on a donné la parole tout de suite aux médecins. Ils ont travaillé en collectif, se sont exprimé devant tout le monde (alors qu'il y a parfois de l'inimitié entre les uns et les autres). On a tout noté, sur des tableaux et ensuite seulement je suis intervenu, à partir de leurs questions, observations, remarques, en me référant quand il le fallait aux fiches préparées. »

Écouter, un sixième point d'appui

Être conscient du niveau d'écoute de l'autre, c'est comme conduire avec un GPS. C'est pouvoir se situer et situer les autres dans l'échange à tout moment. Lorsque je parle, je suis chef d'orchestre et cela passe par l'attention à la qualité de l'écoute de l'auditoire. Je dois être capable de créer les conditions de l'écoute. Je dois être capable de m'adapter aux différents niveaux d'écoute, le cas échéant, pour relancer l'écoute. Elle est le sixième point d'appui de l'orateur *(cf.* Les cinq piliers de la prise de parole, *p. 76 à 95),* qui lui ne dépend pas de moi, mais tient à la qualité de l'interaction.

Lorsque je suis auditeur, je dois également être conscient de ma qualité d'écoute. Pour autant, l'écoute pleine et active reste parfois un idéal vers lequel on tend. D'autres niveaux d'écoute ne sont d'ailleurs pas sans intérêt. Ainsi, l'écoute alternée, ou l'écoute de l'autre que je prolonge par mes propres pensées peut être fructueuse par le lâcher-prise qu'elle permet. Les va-et-vient sont constants : on pense en moyenne à 450 mots/minute, mais on parle à 150 mots/minute. En dépit de ses carences, l'écoute alternée permet elle aussi d'ouvrir des champs pour l'imagination, de trouver des idées nouvelles, de réfléchir par association, de se mettre en phase divergente...

pour mieux converger ensuite. Ce qui compte au final reste le respect de l'autre.

> « L'écoute de soi d'abord, des autres ensuite. Si l'on sait s'écouter soi-même, si l'on sait où l'on veut aller, on peut être attentif aux autres, on peut composer... »
>
> Mimie Mathy

Le temps d'après. Après avoir écouté, après avoir été dans l'univers de l'autre, je prends mes distances avec ce qui a été dit et confronte ce que j'ai entendu et mon approche pour savoir quoi en penser.

Méthode

Se synchroniser

Je me mets dans le rituel de l'autre, je marche dans ses baskets mentales en étant attentif aux préliminaires, au débit, à la posture.

Faire l'éponge

Je saisis toute occasion de réunion pour faire l'éponge, c'est-à-dire absorber ce qui est dit en m'interdisant d'intervenir et en me centrant exclusivement sur l'autre, sans échappées sur mes propres pensées. À l'issue de la réunion, je synthétise aussi fidèlement que possible ce qui a été dit. L'exercice prend une valeur et une saveur particulières lorsqu'il s'agit d'entendre des retours de perception sur moi-même.

> « La sympathie, c'est être avec. C'est lorsque quelqu'un dégage une confiance immédiate. Chirac a un pouvoir de sympathie considérable. Ce n'est pas une question d'être sincère ou pas. C'est de la chaleur humaine. De la considération et du respect. »
>
> Anne Roumanoff

Se décontracter

Je me décontracte pour être disponible et sentir chaque point de décontraction *(cf. « Se concentrer et se rendre disponible », p. 51)*.

Être présent à l'autre

Je discipline ma présence. Je suis en situation d'écoute. À chaque fois que je vais penser à autre chose, je me recentre sur le sujet. « Où en suis-je par rapport à ce qui est dit ? » Je me pose des questions sur ce qui est en train de se dire et les pose devant l'assistance pour m'obliger à une écoute active.

Faire fonctionner sa mémoire immédiate

Je lis un chapitre de livre. Je referme. J'écris la succession des idées des différents paragraphes et je compare.

Je regarde le journal télévisé et l'enregistre. Je ferme le poste et je récapitule par écrit la succession des sujets et je compare. Faire de même pour un sujet du JT. Quel a été l'ordre des séquences ? Appliquer la même méthode à la suite d'un entretien.

La méthode de… Bernard Foulon

Prendre des notes

Je hiérarchise simultanément ce que j'entends, d'où une écoute active. Noter non pas tout, mais l'idée clé de façon à avoir un regard panoramique sur ce qui a été dit. Cette prise de notes peut prendre place dans une première colonne. Elle peut s'enrichir à deux niveaux. Dans une deuxième colonne, je note mes remarques critiques : quelles questions ou demandes de précisions appelle chez moi ce que vient de dire l'orateur ? À un troisième niveau, dans une troisième colonne, je note de façon libre les idées qui me passent par l'esprit à partir de ce qui est dit, par association d'idées ou d'images et de façon créatrice.

Être à l'écoute de l'auditoire

« Le meilleur miroir est toujours le public. »
Dario Fo, *Le Gai Savoir de l'acteur*

Une chose est d'écouter un interlocuteur en situation d'entretien. Une autre est de pouvoir parler tout en restant à l'écoute de son auditoire et de ses réactions explicites ou non. La qualité de l'écoute de l'auditoire nourrit la qualité du discours, la justesse des mots que l'on emploie comme des silences que l'on déploie. Par la qualité de son écoute de la salle, l'orateur déjà auteur, compositeur et interprète de sa propre parole, se fait chef d'orchestre.

Avoir une relation charnelle avec la salle

Être à l'écoute de l'auditoire n'est pas seulement être tout ouïe. Cela consiste en une mobilisation physique totale qui permet d'être ouvert à l'auditoire, le corps en alerte, toutes antennes dehors, au moment où je parle. C'est percevoir les degrés d'attention dans l'auditoire et leur variation. Être sensible aux incidents et être capable de les récupérer. C'est former un tout organique avec ceux qui m'écoutent.

Partager le moment oratoire avec la salle, c'est être avec elle dans l'instant. Accepter que tout n'est pas écrit d'avance, mais que la partition, verbale et non verbale, se joue au moment où j'interviens et que l'auditoire participe à sa composition. C'est la relation entre l'orateur et son auditoire qui est le premier déterminant de la qualité oratoire. C'est un aller-retour constant. Il s'agit aussi d'être conscient des moments où ça ne passe pas, où je risque de ne plus être écouté. Si l'orateur reste dans sa bulle, prisonnier de ce qu'il a à dire et sans attention à l'autre, il n'y a pas de moment oratoire.

Le charisme tient aussi à la capacité de réaction à son public. De la précision de la réponse, de son ton, parfois aussi d'une pirouette, d'un mot d'esprit, va se construire l'autorité de l'orateur.

Obama : quelque chose d'érotique dans le rapport avec son auditoire

Thierry Grillet, directeur des affaires culturelles de la Bibliothèque nationale de France, décrypte la forme des discours du Président des États-Unis[1] : « Dans une démocratie dont l'idée mère, comme dit Tocqueville, est l'égalité de conditions, il n'y a pas d'autre moyen de construire l'autorité que la parole. Dans ce conciliabule de tous avec tous, seule vaut la raison, et surtout la manière de l'exprimer.

Comment décrire celle d'Obama ? C'est un sourire. Une langue. Un corps. Et surtout une main ! Regardez-la. Longue aux doigts fins. Voilà qu'elle se lève, avec la pensée, le pouce joint à l'index, les autres doigts repliés. L'idée s'y tient, bien tenue à la jointure de cette subtile tenaille. C'est presque gênant. Car une fois aperçue cette élégante ouvrière de la parole, on finit bientôt par ne plus voir qu'elle. Les discours sont cette main. Ce geste souple qui tient, maintient, retient l'attention mais en douceur. Toujours le même. En Pennsylvanie, en Virginie, en Louisiane... Mélange de saisie et de caresse. Il y a quelque chose d'érotique, vraiment, dans le rapport d'Obama avec son auditoire. »

Thierry Grillet constate, au-delà de cette touche unique liée à sa gestuelle, trois formes d'éloquence d'Obama.

L'éloquence de barreau d'abord. « Avec sa tête mue par un permanent mouvement de tourelle, Obama donne le sentiment de vouloir accrocher sur son sonar non pas la foule, mais le regard de chacun dans la foule, comme s'il s'agissait d'un banc de jurés à convaincre. »

L'éloquence de tribune. « Obama, à cet égard, est l'héritier des *founding fathers*, les John Adams, Jefferson, Lincoln, auxquels il emprunte l'excellence intellectuelle. »

L'éloquence de chaire enfin. « Obama a fréquenté les *black churchs* et connaît le talent singulier, musical, des prêches de pasteurs noirs.

Parole-chant, parole prière suscitant l'émotion collective. » *(Cf. aussi, « Un orateur fauve, Mirabeau vu par Chateaubriand », p. 93.)*

---

1. Article paru dans *Le Figaro* du 31 janvier et 1er février 2009.

Méthode

Rester attentif aux détails

Tout en étant centré sur son propos, il faut veiller à rester attentif aux détails qui sont autant de signes donnés par l'auditoire : attention, comportements, occupation de l'espace, attitudes corporelles (congruence et incongruence, *cf.* « *Faire parler le non-verbal* », *p. 38*). L'objectif est de décoder la qualité d'écoute de l'auditoire.

> « La danse est un art vivant. Certains jours, il y a des salles difficiles, d'autres fois, des salles très attentives. C'est une question de résonance. Une salle qui se pose tout d'un coup... après une ou deux minutes, quand chacun s'est installé, a rangé ses affaires... 2 800 personnes d'un coup ! »
>
> Nicolas Le Riche

Distinguer les situations

Il existe trois situations principales :

- l'entretien de face à face ;
- la prise de parole devant un groupe relativement restreint (jusqu'à 20 personnes) ;
- la prise de parole devant un collectif nombreux qui forme une foule et ne s'aborde pas de la même manière. La foule est plus complexe à percevoir, plus imprévisible, plus irrationnelle. Elle s'aborde comme un public, pas forcément conquis d'avance et demande de maîtriser les techniques de la scène.

La méthode de... Julien De Ruyck

S'exercer aux interruptions

Le principe est simple et en même temps compliqué à réaliser pour le participant.

Imaginez-vous en train de parler devant un public, où vous pourriez être interrompu, par une personne qui rentre, une main qui se lève pour poser une question ou encore une personne qui vous souffle à l'oreille une chose à ne pas oublier de dire...

Cet exercice peut vous permettre de travailler les interruptions. Vous avez besoin de trois personnes. Vous partez d'un point A pour aller à un point B, à 5 ou 6 mètres de distance.

À environ 1 mètre se trouve une personne qui sera là pour vous chuchoter quand vous serez à sa hauteur, une opération (division, multiplication..) pas trop difficile si possible.

À votre gauche, à environ 3 mètres, se trouvera une autre personne qui vous touchera, là où elle le décide (le cou, l'épaule...).

Pendant ce temps, la troisième personne vous transmet une balle, que vous devez lui renvoyer, et ce à plusieurs reprises. Si cette balle tombe, vous ne devez cependant plus y faire attention.

> « Quand on arrive dans une salle pour y prendre la parole, c'est l'auditoire qui est important. Je suis toujours très frappé quand je vois des orateurs oublier la salle. Il faut respirer la salle, aller chercher le plaisir avec les gens. Il y a toujours quelqu'un de bienveillant dans une salle. »
>
> François Potier

Une dernière difficulté s'ajoute à cet exercice : le message...

Le but pour le participant est de délivrer un message, n'importe lequel, une poésie, une citation, ce que vous avez fait la veille...

Le but premier est de le délivrer dans de bonnes conditions, en ne lâchant pas le regard, en marchant, en gardant une certaine verticalité et en prenant aux passages les différentes informations, qu'elles soient auditives, ou encore tactiles. À la fin de la marche, vous devez donner le résultat de l'opération et désigner où vous avez été touché.

Préparer la première et la dernière impression

« Il n'y a d'intéressant, au théâtre, que ce qui commence et ce qui finit. »
Louis Jouvet, *Notes de cours*

On a rarement une deuxième occasion de faire une bonne première impression ! Dès les premières secondes, j'envoie une foule d'informations. Il n'y a pas plus de deuxième dernière impression que de deuxième première impression. La dernière impression est celle qui a toutes les chances de s'imprimer dans l'esprit de mes interlocuteurs. Quelle image veut-on laisser de soi ? Quelle phrase, quelle parole, quelle qualité de silence, une fois dit ce qui devait l'être ?

Entrer en scène

« La première impression ? Elle est très importante. L'acteur, l'orateur dégagent quelque chose de l'ordre de l'indicible, des ondes. Ce que l'on perçoit d'une personne, c'est ce qu'il est profondément, une perception d'inconscient à inconscient. »
Anne Roumanoff

Depuis le fond des âges, l'être humain a dans ses gènes la capacité d'analyser très vite une situation et de s'y tenir. L'homme préhistorique devait très vite savoir s'il se trouvait en présence d'un prédateur et y échapper par une réaction de stress adaptée. Cette rapidité d'analyse qui passe aussi par le subconscient nous est restée, même si notre environnement a évolué. En quelque sorte, vive le cerveau limbique, il peut nous rendre grandement service en situation d'urgence ! Dans le même registre, l'acteur Jean-François Balmer, au moment d'entrer en scène, dit : « J'y vais au groin » !

L'attaque d'une scène selon Louis Jouvet

« Ce qui est important, c'est la manière dont l'acteur entre et sort de scène.

Avant d'attaquer une scène, on se met dans un certain état. Au moment où l'on commence à jouer, il faut qu'il y ait un déclic intérieur qui nous donne un certain sentiment, une certaine force. C'est le sentiment d'abord primitif qu'il faut donner, le sentiment qui fait entrer l'acteur en scène. Pour commencer une scène, il y a une contraction décontractée, un souci d'attaque, d'expression.

Ce qui est important dans une scène, c'est l'attaque. La première scène, c'est l'attaque, ensuite il y a de nouvelles scènes d'attaque.

Au début d'une scène, plus spécialement d'un monologue, il y a un afflux de sentiment qui force à parler, une sensibilité soudaine qui irrigue intérieurement tous les canaux de l'individu. Si, pour entrer, on marche mal, on attaquera mal.

Au Conservatoire, on doit apprendre trois choses :

- l'art d'attaquer une scène ;
- l'art de conduire une scène ;
- l'art de finir une scène[1]. »

L'entrée en scène nécessite de préparer la première impression que l'on veut donner. Il s'agit aussi de décider à quel moment exactement on s'estimera entré en scène. Au moment de l'entrée en scène, on passera en effet d'un état « coulisse », avec son tonus corporel de tous les jours, au tonus corporel et à la disponibilité aux autres demandée par une fonction de représentation. De la qualité d'une entrée en scène dépend souvent aussi le rythme de ce qui va suivre. C'est le moment où l'on capte ou non le regard de l'auditoire, le moment aussi à partir duquel on ne doit plus le lâcher.

Chaque fois, l'entrée en scène scelle

> « Un orateur, dont le verbe est l'outil, doit aimer ce qu'il est en train de faire, doit avoir réfléchi aux deux ou trois messages qu'il veut faire passer. Il faut pour cela diffuser de l'énergie, avoir du souffle. Cela se joue vite, dans les quelques premières secondes ou minutes. »
>
> François Potier

1. Louis Jouvet, *Notes de cours, op. cit.*

le moment de la prise de contact initial avec les destinataires du discours. Pour une assemblée de taille restreinte ou une réunion, un bonjour du regard ou verbalisé, individuel ou collectif peut suffire. Devant une assemblée, l'entrée en scène se prépare. Le regard et la qualité du silence initial, avant toute parole, sont décisifs. Il peut être utile aussi de préparer cette entrée en scène par des prises de contacts informels avec certains membres de l'auditoire. Cela permet aussi de canaliser le stress tout en suscitant de l'empathie, autrement dit de réduire l'importance du saut dans le vide que constitue toute entrée en scène. Ainsi font souvent les personnalités politiques qui prennent un bain de foule avant de monter à la tribune, en prenant soin de saluer plusieurs personnes individuellement au passage. On n'est pas encore dans la pleine fonction de représentation, on peut même adresser un message à caractère personnel qui mettra en valeur la personne à laquelle il est adressé.

Des entrées en scène minutieusement préparées

Johnny Hallyday au Stade de France

Johnny Hallyday en concert au Stade de France : 80 000 spectateurs. La dimension d'un grand spectacle. Le choix de la surprise et du surdimensionnement. Johnny Hallyday n'entrera pas en scène de façon classique, des coulisses à la scène, mais par où on ne l'attend pas, par le ciel, grâce à une arrivée en hélicoptère.

Valérie Lemercier à La Nuit des Césars

Valérie Lemercier fit une entrée en scène remarquée lorsqu'elle a assumé le rôle de maîtresse de cérémonie des Césars pour la première fois en 2007. Le challenge était considérable : entrer en scène dans un théâtre devant le public le plus exigeant qui soit, plusieurs milliers de personnes du spectacle et du show-biz, le tout retransmis en direct à la télévision, devant plusieurs millions de téléspectateurs. Le choix de la comédienne ? Entrer en scène en dansant sur la musique de *Maldon* de Zouk Machine. La danse dure 1 minute 30 secondes. Le public est d'abord interloqué, voire dubitatif, mais Valérie Lemercier assume son choix, tient l'énergie, le tout dans une chorégraphie précise et rythmée qui ne laisse pas de place à l'approximation. Sourires, applaudissements : le public est conquis. Deuxième moment de l'entrée en scène. Valérie Lemercier introduit la cérémonie proprement dite : « Pour oublier un court instant toute cette compétition dégueulasse... je vais vous demander à tous de faire un petit geste qui ne vous coûtera pas grand-chose et qui pourtant pourrait changer bien des choses. Alors, relaxez-vous, mettez de côté toutes vos pulsions négatives, je vais vous demander tout simplement de vous embrasser, d'embrasser vos voisins... un "poutou"... un smack... un petit bisou. » Là aussi, elle tient ferme : « Faites-le chez vous à la maison, on est tous un peu des saltimbanques ce soir... » Des spectateurs s'embrassent puis d'autres, puis toute la salle, dans la joie et les éclats de rire. La glace est rompue. Un triomphe.

Dans les deux cas, l'entrée en scène est scénarisée et répétée à l'avance dans ses moindres détails. *(cf.* aussi pour une prise de contact moins réussie *« Répondre à une interview pour la presse », p. 200.)*

Sortir de scène

Sortie de scène. Elle découle de l'exigence de préparer la dernière impression que l'on veut laisser. Elle est souvent non verbale et s'incarne alors dans un mouvement et une attitude du corps tenus pendant plusieurs secondes qui donnent toute leur puissance au non-verbal.

De la même façon, une sortie de scène ne peut être laissée au hasard. « Ce qui est dit est dit ». Toute fausse sortie ou « fausse fin » risque d'affadir ce qui a précédé, laisser une impression approximative et fâcheuse. C'est ce qui conduisait Jacques Brel par exemple à ne jamais revenir chanter pour un rappel.

> « Je me souviens d'une chanteuse lyrique à l'Opéra de Seattle. J'assistais à la représentation depuis les coulisses. Son rôle demandait qu'elle se dispute violemment sur scène avec son partenaire. Elle sort d'un pas très énergique, dans l'énergie de la colère. Elle a marché sur moi du milieu de la scène, fonçant comme une bête sauvage, et a continué sa course hors champ de la salle, sur une quinzaine de mètres. »
>
> Paul Vialard

« Au revoir »

Le 19 mai 1981, Valéry Giscard d'Estaing, battu aux présidentielles, intervient à la télévision. Sa sortie est considérée comme ratée.

L'au revoir, prononcé après un long silence, est suivi du départ de VGE, laissant à l'écran une chaise vide. Il se dirige vers la sortie, le plan d'ensemble dure une minute environ, *La Marseillaise* retentit.

À l'issue de son intervention, et même longtemps après, les commentaires sont nombreux. En voici trois :

- « Il a fait ses adieux en mettant en scène un scénario théâtral un peu funèbre » (Jean-Marie Rouart) ;
- « Ce soir-là, cet admirateur de Louis XV avait pris l'allure du roi Lear » (Jean d'Ormesson) ;
- « De la prestation de l'ancien président, nul n'a retenu ses regards, ses phrases, ni même sa tenue à l'ostensible dignité, mais l'incongru quasi burlesque de sa sortie » (Jacques Aumont, *Le Cinéma et la Mise en scène*).

En 2006, Giscard s'interroge : « En ai-je trop fait dans ce mot de la fin ? [...] peut-être le court ballet de la fin me sera-t-il reproché ? [...] Je n'avais pas réalisé que la porte était si loin, ce qui m'a obligé à tourner le dos longtemps aux téléspectateurs, moi qui avais regardé la France au fond des yeux. »

Autre départ, autre méthode : les Français ayant répondu par la négative (53 % des voix) au référendum sur la réforme du Sénat et des régions, de Gaulle annonce le 28 avril 1969 à 0 h 10 par un communiqué à l'Agence France Presse : « Je cesse d'exercer mes fonctions de président de la République. Cette décision prend effet aujourd'hui à midi. »

Dès lors, et jusqu'à sa mort le 9 novembre 1970, plus un mot.

D'autres sorties de scène ont altéré la dernière impression laissée par certaines personnalités.

Partir sur un coup de tête

Le 9 juillet 2006, c'est la finale de la Coupe du monde de football opposant la France à l'Italie. Zidane a été le capitaine de l'équipe de France victorieuse en 1998. Il est encore capitaine de l'équipe de France et dispute son dernier match en qualité de professionnel. Répondant à une provocation de Materazzi, joueur italien[1], il donne à celui-ci un coup de tête au thorax. C'était son dernier match en équipe de France et la dernière image qu'il aura laissée est celle d'un homme plus impulsif qu'il ne le laissait paraître.

Vingt ans de malheur pour neuf secondes de trop

Une autre sortie de scène malheureuse a été celle du coureur cycliste Laurent Fignon lors du Tour de France de 1989. Déjà champion du Tour en 1983 et 1984, il doit logiquement gagner devant l'Américain Greg LeMond : avant la dernière étape, un contre-la-montre individuel entre Versailles et les Champs-Élysées, il a cinquante secondes d'avance. Sur les 24,5 kilomètres du parcours, Greg LeMond effectue un temps record de 26 minutes et 57 secondes. Parti en dernier, Laurent Fignon fait tout ce qu'il peut pour ne pas perdre trop de temps et conserver son maillot jaune. Mais le Français termine troisième de cette dernière étape, à cinquante-huit secondes de LeMond. Il perd le Tour de France pour neuf petites secondes. Il s'agit encore aujourd'hui du plus petit écart jamais enregistré entre le vainqueur du Tour de France et son dauphin. Pour Laurent Fignon, c'était sa dernière chance de réaliser une troisième victoire finale. Dans une interview accordée à *Libération*, il confiait, un an avant sa mort : « Depuis vingt ans, il n'y a pas une semaine où quelqu'un ne me parle de ces neuf secondes...[2] »

---

1. Le joueur italien aurait agrippé le maillot de Zidane. Celui-ci lui aurait alors dit : « Si tu le veux, je te le donne après le match. » Ce à quoi le jeune joueur italien aurait répondu : « Je préfère ta putain de sœur... » Zidane s'est d'abord éloigné puis, après quelques secondes, a fait volte-face, est revenu vers le joueur italien et lui a donné un coup de tête au thorax, ce qui lui a valu une exclusion du terrain.
2. Interview dans *Libération*, série « Mon grand regret ».

Méthode

Entrer en scène en silence

Je fais les premiers pas dans une salle ou jusqu'à une tribune en regardant le public et en me centrant sur la position neutre de référence, avec conscience de l'ancrage dans le sol, de la verticalité, d'une respiration profonde, avec le regard assuré et précis. Arrivé au point où je dois parler, je garde le silence le plus longtemps possible, jusqu'à une minute à l'entraînement.

Marcher à un rythme particulier

L'entrée en scène sur un pas quotidien amoindrit l'effet. Bien des personnalités politiques choisissent de faire une entrée en scène en courant : c'est par exemple le cas d'Obama qui, lors de la campagne pour les primaires de 2008, arrivait le plus souvent en trottant jusqu'à la tribune pour donner une première impression de dynamisme et de jeunesse. Je m'entraîne à faire les premiers pas dans la salle ou jusqu'à la tribune sur un rythme musical que je garde en tête.

Savoir conclure

Ciseler les derniers mots avec une formule ferme et concise. Il est essentiel de savoir clore une intervention orale de façon nette et précise. La méthode la plus efficace pour cela est d'écrire au préalable la phrase sur laquelle on veut terminer et de s'abstenir le moment venu d'ajouter un « eh bah voilà » ou tout autre son parasite. Terminer, c'est savoir faire son deuil de ce que l'on avait à dire. La touche verbale gagnera souvent à être non verbale. Là encore, elle se répète, un sourire, un sourire bouche fermé, etc.

La méthode de... Hervé Pata

Le discours est un voyage

Il faut démarrer. Le discours est un voyage. Il faut partir du quai et ramener son auditoire à bon port. Je préconise de débuter un discours avec une voix médium et de puissance moyenne et de finir avec une même voix médium et de puissance moyenne.

La méthode de... Thomas Hervé

Accrocher dès les premières secondes : commencer par une histoire ou une anecdote qui va mettre l'auditoire en suspens.

La méthode de... Juan Carlos Tajes

Quand c'est fini, ça n'est pas fini

L'orateur doit prendre la salle dans le premier moment, dans le moment du silence. À la fin, il ne faut pas relâcher la salle. Le discours ne se finit pas avec le dernier mot, mais bien après les applaudissements. L'orateur parle encore avec son attitude quand les dernières paroles ont été prononcées. Toi tu as fini, eux n'ont pas fini de te regarder. Ça dure. Tu assumes tes responsabilités comme orateur encore après l'acte oratoire. Tu dois rester extra-quotidien et continuer l'extra-quotidienneté.

Je pense à Condoleeza Rice : encore dix mètres après avoir passé la porte, elle garde son sourire. Sorti de scène, à l'opéra, tu as encore l'adrénaline qui marche dans ton corps et tu gardes le corps dans son état extra-quotidien.

Être engagé dans sa prise de parole

> *« Une sculpture de Rodin, immobile dans sa matière même, bouge en elle-même et fait bouger l'espace qui l'environne. »*
>
> Jacques Lecoq, *Le Théâtre du geste*

Il n'y a pas de place en représentation pour le corps ou les humeurs de la personne privée. L'orateur est tout entier dédié à sa fonction de représentation. Dans une autre perspective, les gestes privés passent mal (se gratter la tête, se curer les dents, etc.). Plus loin encore, un tonus corporel seulement quotidien ne suffit pas. Être voûté, avachi, avoir l'œil terne sont autant de facteurs de décrédibilisation. L'engagement de l'orateur commence avec un corps disponible et tonique, qui prend l'espace.

Se mobiliser moralement et physiquement

Là plus qu'ailleurs se mesure la verticalité de chacun. L'orateur à la tribune doit avoir un corps extra-quotidien, plus tonique et plus disponible en même temps, comme en état d'alerte.

C'est par l'engagement que l'orateur met ses ressources singulières, morales et physiques, au service de son discours. De la qualité de l'engagement dépend le charisme, la capacité à rythmer le discours et à faire passer des idées et des émotions et par conséquent à convaincre *(cf. « Être à l'écoute de l'auditoire, p. 109)*. L'art oratoire est un art vivant. Les Antiques parlaient de la « sueur sacrée de l'orateur ».

François Hollande : l'irrésistible difficulté à s'incarner du président « normal »

Quoi de plus trompeur et invraisemblable que la formule d'un président « normal » ? Si l'on s'en tient à la définition de la normalité comme « conforme à ce qui est plus fréquent », « dépourvu de tout caractère exceptionnel », le parcours darwinien qui mène à la présidence suffit à balayer d'une chiquenaude l'expression.

Si le président « normal » se veut un chef d'État faisant vœu de simplicité, un franciscain de la République, le propos devient autrement ambitieux. Plutôt que de moquer le soi-disant manque de vision du président, on peut alors analyser un effort constant pour l'humilité d'une parole rendue au temps long de la délibération. Il s'agit de laisser la place aux différents responsables et aux corps intermédiaires afin qu'ils réinvestissent le champ du politique, à l'exemple de ce qui se pratique dans les social-démocraties de l'Europe du Nord : la « boîte à outils » est là, il faut l'utiliser, que chacun dans son champ de compétence et d'action s'en saisisse.

Le pari est doublement risqué. En premier lieu, sevrer le citoyen et le journaliste de la dopamine générée par la communication politique. Nicolas Sarkozy notait après sa défaite : « Le président normal, le degré zéro de la communication politique, c'est l'ennui, vous reviendrez vers moi en courant. »

Le second écueil du président « normal » vient de son manque de charisme dont on ne sait s'il résulte d'une volonté délibérée ou d'une incapacité subie à incarner le rôle au sens physique du terme. Il y a un gouffre entre être proche du peuple, savoir être simple, et se fondre dans le corps banal et limité du tout-venant. Obama, qui se rend à l'émission de variétés « Ellen », entre sur le plateau en dansant, sourire aux lèvres et sans cravate ; son corps est tout sauf vulgaire, d'une exceptionnelle tonicité et disponibilité, comme lors de ses discours, un corps d'artiste sur scène, le corps connecté du danseur, un « corps de chef » dans une apparente convivialité mais totalement engagé et fluide (cf. « Faire parler le non-verbal », p. 38).

Il en va tout autrement de François Hollande qui, dans la plupart de ses interventions, reste dans le martèlement du menton et des bras, pour ainsi dire, déconnectés du tronc, un corps verrouillé, un mouvement périphérique et superficiel, « normal » dans sa raideur. Le grand maître du mime français, Étienne Decroux – l'inventeur de la marche sur place dont se serait inspiré Michael Jackson pour créer la Moonwalk –, qui a formé Marcel Marceau, avait deux préceptes : « Le tronc est l'organe préféré du statuaire » et « Dieu n'a pas d'épaules. » François Hollande n'est qu'épaules et semble ne pas avoir de tronc. Or, ce corps du chef, intégralement connecté, est un ressort si puissant et nécessaire pour l'imaginaire collectif qu'on le retrouve dans les différentes cultures et ce depuis l'époque préhistorique. Le « Poverello » d'Assise, si l'on en croit les représentations, était la simplicité incarnée, épaules basses, centré et tout entier dans son mouvement, que ce soit pour bénir les oiseaux ou partager la pitance. Le président « normal », pour l'heure, reste un président « sans corps ».

Méthode

Repérer la position neutre

Partir de la position neutre de référence (*cf.* Les cinq piliers de la prise de parole, *p. 76 à 95*) et travailler verticalité, tonicité, disponibilité corporelles et écoute de l'auditoire.

> « Tous mes projets, c'est par le verbe que je les ai emportés. C'est parce qu'ils étaient infaisables qu'il fallait convaincre en prenant appui sur l'émotion, l'irrationnel. C'est comme au sein d'un couple. Si tu arrives à parler le langage de l'émotion de l'autre, alors tu arrives à partager. »
>
> Jean-Michel Jarre

Faire l'expérience de l'inverse

Prononcer son discours *recto tono* (ton uniforme) et sans un geste.

Personnaliser par des adresses les moments du discours

Après avoir expérimenté cette version délibérément sans relief, le chanter. Puis s'exercer à prendre nommément à témoin différentes personnes dans l'auditoire aux différents moments du discours.

Explorer son discours par le corps

Traduire par des mouvements corporels dansés les différents moments du discours.

Allumer une lueur dans les yeux

C'est communiquer un niveau d'énergie intérieure vers l'extérieur *(cf. « Le quatrième pilier : poser un regard assuré et précis », p. 89)*.

« Si l'on ne veut pas prendre de risques, le risque du contact, de quitter ses notes, de tenir compte de ce qui se passe dans la salle, on peut très vite devenir très mauvais. Et les gens, perspicaces et impitoyables, s'ennuient vite et donc décrochent. »

François Potier

Jouer la partition physique

Étant passé par ces différentes étapes, mémoriser la partition physique du discours (variation des gestes, nuances de la voix, durée et qualité des silences, etc.) et se la jouer en avant-première.

Cultiver son indépendance d'esprit et partager des valeurs

> *« C'est un de ces orateurs qui, quand ils se lèvent, ne savent pas ce qu'ils vont dire, quand ils parlent, ne savent pas de quoi ils parlent, et, quand ils sont rassis, ne savent pas ce qu'ils ont dit. »*
>
> Winston Churchill

Savoir quoi dire et pourquoi on le dit. Après une discussion ou après avoir écouté un orateur, être capable de se retirer sous sa propre tente pour savoir ce que l'on en pense. En se détachant des influences et des pressions diverses. Si le doute est souvent fertile et correspond à une attitude d'écoute, il y a des moments où nous avons à nous déterminer, alors même que nous sommes parfois en minorité ou isolés.

Avoir un centre de gravité moral et intellectuel

Contre l'idée d'un confort à court terme, c'est un investissement pour construire son estime de soi et sa liberté.

C'est aussi une qualité appréciée dans le monde professionnel : celui qui est capable de tenir une position contradictoire avec discernement et sans être dans le dogme, face à une majorité, suggère sa capacité à penser par lui-même. Inversement, ceux qui ne savent qu'aller dans le sens du courant, les *« yes men »* montrent davantage des qualités de docilité que d'indépendance d'esprit.

Dans bien des situations d'oral, lors d'une interview, lors d'un examen pour un étudiant ou lors d'une réunion pour un professionnel, le courage est parfois de savoir dire « je ne sais pas » ; car c'est dire du même coup que l'on n'a pas besoin de s'inventer un savoir ou une expertise pour s'affirmer.

Seul contre tous

Lors de l'interview qu'il nous a accordée *(cf. p. 128)*, Jean-Michel Jarre se souvient : « J'ai un ami qui, il y a quelques années, a eu un très grave accident de voiture. Hôpital... coma profond. Au bout de soixante jours de coma, une commission médicale de quatre personnes se réunit pour, conformément à la loi, décider de "débrancher" ou non le patient. Il faut l'unanimité pour débrancher. Il faut l'unanimité pour mettre fin à la vie du patient. Trois membres de la commission, précisément les plus chevronnés, sont d'avis de débrancher le patient. Le quatrième, jeune interne, est d'un avis contraire. Pour lui, il reste un espoir infime. Il tient bon. On ne débranche donc pas. Quelques jours plus tard, le patient sort du coma. Aujourd'hui, il vit et il va bien ! »

Méthode

Oser

C'est une question de leadership. Savoir prendre des risques et ne pas se contenter de gérer. Aller dans le sens de ses intuitions et de ses convictions. Ne pas être que raisonnable. Être attentif à ce qui résonne en soi et donc aux autres. Ne pas rester prisonnier du principe de précaution. Façonner un mental serein, ferme et à l'écoute.

Savoir dire non

Distinguer la personne de l'idée ou de la demande. Lorsque je dis « non », je ne dis pas non à la personne, mais à ce qu'elle souhaite, propose, demande...

Être conscient de ses valeurs et de ce que l'on veut défendre

Être clair sur ce que l'on pense et ce que l'on veut, tout en étant capable de laisser la place au doute, à l'échange et au dialogue, un art de chaque jour. Car parler n'est pas que méthode : il y a des choses que la vie seule apprend, tout ne peut pas être coaché, formaté, enseigné. Cela peut aller jusqu'à la liberté, l'obligation parfois, de résister, de conserver, de refuser ou de convaincre, voire d'être perçu comme insolent. Parler, c'est aussi verbaliser ce que l'on est.

« C'est la sincérité qui fait le bon orateur. L'investissement honnête d'une personne dans son expression. L'art oratoire demande un travail, des habiletés, au service d'une sincérité. S'il y a habilité sans travail, le propos restera creux. Sans sincérité, il ne convaincra pas. L'art oratoire est un code d'expression avec comme fondement la sincérité. »

Jean-Pierre Mignard

Paroles de Jean-Michel Jarre

Jean-Michel Jarre, auteur-compositeur interprète de musique électronique, a vendu plus de 80 millions d'albums dans le monde entier. Ses concerts peuvent rassembler des centaines de milliers, voire des millions de personnes.
Déjeuner dans une brasserie de l'avenue de Marigny à Paris. La table a été réservée dans un endroit calme. Deux ou trois habitués viennent saluer l'artiste, il demande que l'on baisse le volume de la pauvre musique de fond. L'interview peut commencer.

Pour vous, le verbe est-il vraiment utile ?

Utile ? Indispensable ! Je vais vous dire : tous mes projets (Chine, Égypte...), c'est par le verbe que je les ai emportés. C'est parce qu'ils étaient infaisables qu'il fallait convaincre en prenant appui sur l'émotion, l'irrationnel. C'est comme au sein d'un couple. Si vous arrivez à parler le langage de l'émotion de l'autre, alors vous arrivez à partager. Vivre ensemble au sein de la cité, cela ne peut se faire que grâce au verbe. Bien sûr, il faut parfois surprendre, parfois être un peu impudique...

Comment gérez-vous le stress ?

Dans les échanges avec les Chinois, avec de la patience, sans doute un goût pour le jeu, et une certaine connaissance de leur culture.

Par contre, avant un concert, je le gère en m'inventant des TOC (troubles obsessionnels compulsifs) ! Je te donne un exemple : juste avant d'entrer en scène, mais à peine quelques secondes avant, je suis capable de retourner dans ma loge pour fermer un tiroir que je sais mal fermé. Ainsi, je reprends l'avantage. C'est le principe des chemins de traverse. Sinon j'entrerais par le plus court chemin, dans une logique qui n'est pas la plus efficace à ce moment-là pour moi, et donc pour mon public.
Bon, j'ai aussi pas mal pratiqué yoga et méditation. Avant d'entrer en scène, il est fréquent que je prenne quinze à vingt minutes, tout seul, concentré.
C'est pour moi d'autant plus important que s'agissant de la musique, je peste contre le son qui est devenu très lisse.

C'est comme l'image aujourd'hui. Et comme la chirurgie plastique ! Cette hystérie est liée à une société du numérique qui découpe tout en tranches, pour arriver à une image lisse de nous-mêmes…

Bien sûr, on ne peut pas tout stocker. C'est pourquoi parfois je « pose le paquet », je fais avec mon stress ce que fait le hibou avec ses déjections. J'en fais une boule, et je n'entre pas trop dans l'analyse.

Et vous trouvez des avantages au stress ?

Bien sûr, c'est un moteur ! C'est l'inverse de la situation de sagesse, qui plonge dans l'immobilisme. La création est en dessous de la sagesse. Le stress est son moteur.

En entrant en scène, j'ai besoin de stress, d'éblouissement. C'est une situation extrême que l'on crée. C'est comme la situation de conflit, comme la drogue, les positions extrêmes. Par exemple, il m'arrive de voir, d'expérimenter jusqu'à quel point je peux m'approcher du clavier… au tout dernier moment. On n'est plus dans la géométrie de Blaise Pascal.

Vous vous détendez, parfois ?

Difficile, c'est de l'ordre du fantasme. Le temps passe, se divise en parties de plus en plus fines. Il y a une schizophrénie entre le temps du quotidien et le temps biologique. On s'étourdit. La création bouffe, ronge. C'est pas la voie vers le bonheur, si tant est qu'il existe. Pour retrouver l'innocence il faut puiser de plus en plus profond, c'est un effort. La détente devient de l'anesthésie. La création, c'est loin de la détente.

Comment rythmez-vous et rendez-vous vivantes vos interventions ?

Comme tout le monde, tu regardes les politiques faire. Est-ce que, dans leurs prises de parole, ils s'inspirent des différents rythmes musicaux ? Les rythmes doivent être différents selon ce que l'on veut exprimer. Les politiques devraient s'en inspirer, mais ça entre peu en ligne de compte dans le discours politique.

> « Les rythmes doivent être différents selon ce que l'on veut exprimer. »

Dans le discours politique français, il y a un plan, et ils font entrer ce qu'ils veulent dire là-dedans. En musique, symphonie, concerto, improvisation… les genres rythmiques varient en fonction de ce que l'on veut exprimer. Il y a aussi l'apport de la technologie et de l'Afrique. Le développement musical peut être en continu, pas fragmenté, comme quand on regarde une fourmilière ou des nuages.

Pour revenir aux politiques et à leurs discours, les plus grands ne sont pas les énarques. Ils sont de loin distancés par les avocats, qui ont une approche plus globale de l'homme, une approche émotionnelle que la politique doit inclure. Si l'on a, comme souvent en médecine aujourd'hui, une approche de spécialiste, qui isole, on se coupe de cette globalité, de cette réalité qui permet de mieux sentir l'autre, l'auditoire.

> « ... le buzz est encore plus audio que visuel, ça nous rend sourds aux autres, à notre propre destin... »

Barack Obama, il y a une musicalité dans ses discours, mais moins que chez Kennedy, Malraux, de Gaulle, Gandhi ou Jean-Paul II.

Le silence ?

Dans la musique, et les politiques pourraient parfois s'en inspirer, le plus important c'est le silence. Tu ne définis un son que par rapport au silence. Sans silence, la musique n'existe pas.

Finalement, trop de bruit nuit au verbe...

La dynamique (ou le contraste) du son, c'est ce qui existe entre le silence et le maximum tolérable. Plus la dynamique est importante, plus tu vas être émotionnellement touché. Plus elle est compressée, réduite, moins tu vas l'être. On passe alors son temps à hausser ou à baisser le son. Le ton aussi !

Le buzz ambiant, ça fatigue, ça banalise. C'est vrai pour tout discours, pour toute musique. Et même, ça rabaisse.

La sensibilité que l'on a vis-à-vis du son est polluée, abîmée, attaquée. En plus, maintenant, on a intégré le MP3... Lire, tout en laissant la télévision allumée, avec différents autres buzz de fond, ce sont des bruits qui empêchent de fonctionner à plein régime.

On ne va pas toucher, regarder, se parler de la même manière avec tous ces parasites sonores ou visuels. La pollution sonore appauvrit notre relation aux autres, ça empêche la vision à long terme. En fait, le buzz est encore plus audio que visuel, ça nous rend sourds aux autres, à notre propre destin, chemin.

Propos recueillis par Hervé Biju-Duval

Paroles de Jean-Claude Le Grand

Jean-Claude Le Grand est directeur du développement international RH de L'Oréal depuis 2012. Il a auparavant été directeur des ressources humaines de la division Produits Grand Public du groupe.
Jean-Claude Le Grand vient de prononcer un discours pour une inauguration. Peu après et sur le lieu de son intervention, il répond au débotté. L'interview se fait debout, la rumeur de la foule présente en arrière-fond.

Avez-vous été timide ?

C'est marrant que vous commenciez par cette question. En ce qui me concerne, c'est la question. J'étais super timide. À Sciences Po, il y a eu un déclic. Je me suis dit : « C'est complètement idiot, tu vas passer à côté de ta vie... Il y a corrélation entre être timide et la prise de parole en public. Pour vaincre la timidité, il faut faire un boulot, manier l'émotion. Aujourd'hui, je parle sans problème et je suis meilleur que bien des collègues non timides, parce que, ayant conscience de ma timidité, j'ai bossé et j'ai bossé dix fois plus qu'eux. J'ai progressé grâce à de nombreuses formations ; faire un speech, faire la lecture rapide de ses notes pour être détaché de son texte, parler face à une caméra, au micro, devant un journaliste...

Je prépare beaucoup ; je me retrouve à fond dans la formule de Churchill : « Mes plus longues improvisations sont celles que j'ai le plus longtemps préparées. » Avant de parler, il faut quelques grandes idées. Pas trop. Deux ou trois. Ne pas être trop long. Un impératif aujourd'hui. Les gens n'ont pas le temps. Puis ce qui compte, c'est de ressentir la salle. Les gestes avec les mains, ça compte beaucoup pour moi ; il s'agit d'entrer en contact, c'est le feeling... Là, par exemple, je viens de prononcer un discours d'inauguration ; je suis arrivé, j'ai vu la lumière des projos en pleine face, les gens loin, c'est surtout cela qui a retenu mon attention, je me suis dit, il va falloir aller chercher les gens, aller accrocher les regards. Avec les gestes des bras et des mains amples et loin devant le buste, je suis allé chercher le contact.

Le stress ?

C'est de l'adrénaline ; j'adore. Pour moi, le stress me fait parler à toute vitesse ; je dois me ralentir, être concis, baisser le rythme, travailler la respiration. C'est comme au sport. Je fais du polo. C'est très dur et trop méconnu. Le cheval à 60 km/h... Et en même temps taper avec précision dans la balle. Il faut faire deux choses en même temps, comme pour parler en public (où il faut être conscient de ce que l'on dit et en contact avec l'auditoire). Au départ, au polo comme pour parler, j'ai peur. Il n'y a rien de meilleur que la peur.

> « Aujourd'hui, je parle sans problème et je suis meilleur que bien des collègues non timides.... »

L'indépendance d'esprit ?

C'est être capable de s'écarter de son texte, de ne pas le lire.

Avez-vous connu des collègues qui ont connu une révolution dans leur maîtrise de la prise de parole ?

Oui. Et il n'y a pas de secrets. Les progrès passent par la formation.

Qu'est-ce qui est important ?

La capacité à maîtriser sa peur. Le contrôle de soi. Il faut multiplier les expériences. Travailler avec des coachs. Faire des interventions brèves. Les alimenter avec des chiffres. Ça parle. Il faut des ingrédients concrets, incarner les choses, savoir remercier, citer quelqu'un, aller chercher du regard ceux qui écoutent de loin.

Des expériences difficiles ?

Quand on a l'impression de ne pas pouvoir s'exprimer, quand on n'a pas le temps, par exemple à la télé. Il faut trouver ce qui va faire mouche. La pression des médias aussi. L'Oréal est une entreprise qui paraît riche, donc coupable par définition. Hier, une journaliste m'interrogeait sur la composition du conseil d'administration. On a 20 % de femmes, mais elle ne voulait pas compter Mme Bettencourt. Pourquoi ? Elle insistait et ergotait. Pourquoi ?
Quand on est DRH, le plus dur, ce sont les plans de restructuration. J'en ai connu chez Olivetti. Certains m'ont dit : « Tu détruis ma vie. » S'il y a émotion, il y a un morceau de toi avec eux. S'il n'y a pas d'émotion, il ne faut pas faire ce métier.

Comment répondre à ce « tu détruis ma vie ? »

Il y a nécessité de reconstruire après. Dans ce cas, mon rôle, c'est d'accompagner dans la reconstruction.

Le non-verbal ?...

Il est le fruit des formations. Les bras et les gestes en avant pour créer le contact.

> « Ce qui est important, c'est la capacité à maîtriser sa peur, le contrôle de soi. »

... Un rôle dans l'observation des autres ? Lors des entretiens ?

(Silence et sourire de Jean-Claude Le Grand). Oui... Un contre-exemple ; je reçois des types... ils arrivent, mettent leur dossier sur mon bureau. On leur a dit : « Il faut faire ça... », par exemple, prendre possession de l'espace de l'autre, entrer et déposer leur dossier sur mon bureau... Mais on ne se connaît pas ! Mais on leur a dit : il faut entrer dans la bulle de l'autre... alors ils le font... Mais moi, quelqu'un que je rencontre pour la première fois, ça ne marche pas comme cela... Il faut se méfier des « il faut faire ça ».

Le silence ?

Le silence est très important. Savoir garder un silence, des silences pleins de compréhension... savoir l'instaurer au bon moment, le rompre aussi.

Propos recueillis par Cyril Delhay

Partie 2

20 situations passées à la loupe

Parler face aux autres

Les manières de s'y prendre se modulent selon le contexte, la situation, la nature du public, le nombre. On ne met pas le curseur du verbe au même endroit, selon que l'on parle à 1, 5, 15, 500 ou 5 000 personnes. Au-delà de ces principes, un travail constant d'ajustement est à faire en fonction de l'écho renvoyé ou mieux encore pour anticiper l'écho à venir. Le sonar personnel doit être constamment branché. Il permet de ne pas perdre de vue qu'il va falloir aussi passer du rituel de départ au plus intime, afin de comprendre et se faire comprendre. Les chapitres qui suivent donnent des repères, comme une cartographie, pour aborder des configurations aussi différentes que le face-à-face, la tribune, les principaux types de réunion, le débat ou encore la table ronde. Là encore, il ne s'agit pas de recettes, mais simplement d'exemples analysés à la loupe pour stimuler la réflexion et aider à se construire d'utiles repères. C'est ensuite à chacun de forger ses méthodes, au fil de ces pages bien sûr, mais aussi à la faveur de ses expériences.

Parler en face à face

> Le problème de l'entretien, c'est celui du service, comme au tennis. Que je sois le supérieur hiérarchique, le collaborateur, le conseiller, l'ami, si je suis à l'initiative de l'entretien, c'est à moi de parler le premier. S'il y a une réponse à donner consécutive à une demande, il y a trois options possibles pour son issue : « oui » ; « oui à condition que... » ; « non parce que... » Il peut aussi arriver que j'aie à dire « non » sans toujours avoir à donner de justification.

Conduire un entretien d'évaluation

Le responsable d'un laboratoire pharmaceutique est comme chaque année en entretien d'évaluation avec l'un de ses collaborateurs. Après les préalables et le rappel des raisons d'être de l'entretien il évoque, faits à l'appui, ce qu'il en est de l'année qui vient de s'écouler, écoute son collaborateur, questionne, fait préciser un élément, lui demande son avis sur tel ou tel point...

Ils passent aux objectifs pour l'année qui vient. L'évaluateur sent alors peu à peu qu'il décroche, n'est plus présent, mobilisé comme il devrait l'être. Il s'entend proposer des objectifs sans y mettre la chaleur et l'engagement qui seraient de nature à permettre l'échange, il est moins attentif, alors qu'il avait pourtant préparé... Bref, l'entretien patine.

De son côté, le collaborateur ressent tout cela et se désengage lui aussi : il se met en retrait et n'intervient plus.

Voyant bien que cela ne peut plus continuer ainsi, que cela devient un exercice formel, le responsable se dit alors : « Sois centré sur l'entretien, investis-toi : aime-le ! » Les deux reviennent alors à un entretien vivant et participatif.

Quels enseignements en tirer ?

L'entretien d'évaluation se nourrit de rationalité, mais aussi de chaleur, d'émotion, de parler vrai. Ce n'est pas un acte administratif froid : néocortex et limbique, intellect et affect, raisonnement et résonance vont de concert. Il suppose préparation, total engagement dans la durée, évocation des points positifs et négatifs.

Chacun des deux doit être actif. Il n'y a pas d'un côté celui qui parle, de l'autre celui qui reste passif, même si l'initiative appartient à celui qui a demandé l'entretien. C'est bien un dialogue.

Il doit déboucher sur un plan d'action de ce que l'on va arrêter de faire, continuer de faire, commencer de faire. Certains éléments de ce plan d'action seront négociés, d'autres ne seront pas négociables. C'est dans la logique du lien hiérarchique, l'entreprise étant un lieu de « démocrature » comme le dit Claude Bébéar (Axa).

Se faire comprendre

Deux amis sont dans une discussion animée. L'un d'eux demande, après avoir exposé la situation, conseil à l'autre. Manifestement, il n'arrive pas à faire comprendre à un tiers ce qu'il attend de lui. Comment faire ?

– Tu lui as bien dit ce que tu attends de lui ?

– Oui, oui.

– Comment ça, « oui, oui » ?

– Oui ! et s'il n'a pas compris...

– Comment ça, « et s'il n'a pas compris ? » Tu lui as dit ou tu ne lui as pas dit ?

– Écoute-moi, honnêtement, s'il n'a pas compris ce que je voulais dire...

– Donc tu ne lui as rien dit !

– Mais si, je te dis !

– Lui as-tu dit *explicitement* ce que tu avais à lui dire ?

– Je viens de te dire, je lui ai fait comprendre... et s'il n'a pas compris, je n'y peux rien.

– Comment ça, « fait comprendre » ? J'en déduis que tu ne lui as pas dit *explicitement* les choses, que tu espères qu'il les comprendra à tes allusions, à ton comportement, à tes non-dits. Tu sais, les gens n'entendent bien souvent que ce qu'ils veulent entendre, et ils n'oublient jamais ce qu'on ne leur dit pas.

Quels enseignements en tirer ?

Le comportement que l'on vient d'évoquer est assez fréquent. La plupart des problèmes de communication que l'on rencontre viennent de ce que celui qui a des choses à dire ou à demander n'ose pas les dire ou les demander. Cela rappelle les situations dans lesquelles, dans la vie professionnelle, dans la vie amoureuse... on aimerait tellement que l'autre comprenne tout seul ce que l'on voudrait, mais que l'on n'ose pas ou que l'on ne prend pas le temps de lui dire. Or, c'est à celui qui a quelque chose à dire de « servir » *(cf. « Parler... aux autres », p. 16)*.

Pour qui écoute, favoriser chez l'autre le fait qu'il dise ce qu'il a à dire : « Qu'attendez-vous de moi ? » ou « Pouvez-vous être plus précis ? »

Celui qui parle est responsable tout à la fois de l'émission et de la réception.

Chasser l'implicite, ne pas se contenter de : « Tu vois ce que je veux dire ? »

Parler à la tribune

Parler à la tribune c'est, plus que dans d'autres circonstances, être en situation de représentation avec des obligations scéniques, compte tenu de la dimension de l'espace et du nombre de participants dans l'assemblée. C'est donc s'exposer pour informer, convaincre, partager, responsabiliser, inciter à l'action, séduire et mobiliser, tant intellectuellement qu'affectivement. C'est un moyen, pas une fin : seuls les effets obtenus diront si la cible a été atteinte.

Intéresser son auditoire

Pour illustrer cette situation, nous utiliserons le témoignage de Pierre-Marie Dupuy, professeur agrégé de droit international public (Paris-II). Après avoir enseigné en France, il fut également professeur à l'Institut universitaire européen de Florence, et il est actuellement professeur à l'Institut des hautes études internationales et du développement de Genève.

« Mon premier cours en tant qu'agrégé, c'était à Strasbourg, j'avais 29 ans et un trac fou. Dans l'amphi, ils étaient 650, en première année. Je devais intervenir en droit constitutionnel. En robe heureusement. La robe m'a aidé, c'était du théâtre. J'ai investi mon personnage, je me suis propulsé dans l'action. Il fallait à la fois être pertinent et dans la bonne distance. Je l'ai vécu comme une représentation, cette toge m'a permis de dépasser la fonction. Je fais le parallèle avec le *traje de luz,* le vêtement de lumière que porte le torero. Que serait-il sans cet habit ? » *[...]*

« Sur un sujet très technique ("À quelles conditions un État tiers peut-il intervenir dans un procès") que je devais aborder avec mes étudiants à Florence, je leur ai dit : voilà, j'étais dans mon bureau, le téléphone sonne. J'ai un collègue des États-Unis en ligne qui me demande si je veux intervenir dans une affaire pour le compte de la Guinée-Équatoriale. Je fais rire l'auditoire en lui racontant mon échange avec ce collègue (oui, la Guinée-Équatoriale, c'est en Afrique je crois, près de l'Équateur, non ?...), puis je sors sur PowerPoint la carte de cette région du monde, etc.

« À partir d'un ton et d'éléments qui se voulaient dans l'anecdote, j'ai pu entrer dans des éléments techniques (pour pouvoir intervenir, l'État tiers doit justifier d'un intérêt juridique...). Là, c'était assez facile, car il s'agissait d'une affaire de délimitation du plateau continental impliquant le Cameroun et le Nigeria. Avec les cartes, l'audio est devenu audiovisuel, les étudiants étaient embarqués dans l'échange avec mon collègue d'outre-Atlantique et surtout dans le fond de l'affaire. Ils étaient motivés car les conditions de leur motivation avaient été créées. »

Un chien dans l'amphi

« Mon père eut un jour dans son amphi un étudiant qui était venu avec... son chien. Lorsqu'il s'en aperçut, il lui dit alors le plus sérieusement du monde : "Monsieur, ici on accepte les ânes mais pas les chiens !"

Tout l'amphi était hilare, c'était gagné. Le cours reprit joyeusement de part et d'autre. On ne revit jamais le chien. »

Quels enseignements en tirer ?

Pierre-Marie Dupuy propose lui-même les enseignements à tirer de son témoignage.

« J'ai constaté que la fonction enseignante voudrait tenter non pas de nier, mais d'atténuer le déséquilibre qui est là, dans la relation, qui est du type dominant-dominé en termes de savoir. Enseigner à des étudiants, c'est d'abord une entreprise de séduction. Ce que l'on cherche à obtenir, c'est l'adhésion.

Si l'on n'y prend garde, quand on enseigne, on est toujours guetté par la facilité : lire son cours, ne pas s'investir, débiter du verbe au kilomètre sans être attentif à ses étudiants, sans les regarder dans les yeux... On ne se donne alors plus assez de mal, on n'est plus vigilant. C'est alors que l'attention chute, que naît le désintérêt, voire l'ennui. Si je tombe trop dans l'anecdote, cela peut être un risque, car je ne parle alors pas de la manière dont le problème se pose. Je dois être constamment attentif au contenu et à l'auditoire, à son évolution, dans le temps que dure le cours. Rien n'est jamais gagné d'avance, il faut jongler avec la répétition, la diversité, tout en ne lâchant jamais le fil de l'affaire.

Les efforts du professeur doivent être d'autant plus importants qu'il faut surmonter la relation inégalitaire due à l'âpreté du sujet, que moi je maîtrise, mais eux pas encore. C'est par la séduction que je les aide à pénétrer dans la matière juridique. Séduction parce que médiation. Pour instruire, il faut aussi plaire et toucher, toute la rhétorique est là.

Dans l'acte oratoire en amphi, trois éléments sont importants :

- la voix : elle doit exprimer la sérénité du savoir, signifier que l'on sait où l'on va, cela rassure l'auditoire ;
- la diction : sans diction, l'auditoire ne comprend pas *(cf. « Trouver sa voix et passer la rampe », p. 56)* ;
- la passion : ce n'est pas contradictoire avec la sérénité de la voix, c'est signifier que ce que je dis est important, que j'y crois vraiment, que je suis habité par ce que j'évoque. *(cf. « Être engagé dans sa prise de parole », p. 121)* ;

Parler aux étudiants, c'est observer une pédagogie à trois temps en pratiquant :

- l'art de la répétition : quand le propos est aride, il faut savoir répéter, mais pas exactement de la même manière, en regardant la situation depuis des angles, des points de vue différents, en l'abordant en différentes langues, l'une enrichissant l'autre ;
- l'art de la diversité : la répétition implique la diversité, qui permet de casser le récit, de changer de rythme, d'adopter des genres différents, d'illustrer. Un exemple : si vous tirez, à la leçon d'agrégation, le sujet suivant : "Le garde champêtre", que faire ? Soit vous y allez sur le mode convenu, banal, ennuyeux car trop didactique (la fonction de garde champêtre, mise en place dans les années... consiste à...), soit vous mettez le propos en situation : "Il était une fois un garde champêtre..." Cela fait partie de la diversité et de la distanciation nécessaires à l'impact recherché *(cf. « Rythmer et*

rendre vivante son intervention », p. 48)

- l'art de la continuité : il faut un fil rouge, une ligne conductrice. L'étudiant, en sortant du cours, doit pouvoir se dire que c'est clair, qu'il a compris » *(cf. « Préparer un texte : le pouvoir du verbe », p. 31).*

De façon plus générale, avant d'intervenir à une tribune, je me renseigne sur l'auditoire, son homogénéité ou son hétérogénéité, sa taille, ses centres d'intérêt, l'actualité qui concerne les uns et les autres *(cf. « Se poser les six questions incontournables », p. 28).*

Je veille également aux différents aspects techniques car est maître des lieux celui qui les organise. L'orateur est responsable en dernier ressort des conditions dans lesquelles il intervient et doit donc veiller à ce qui concerne :

- la taille de la salle ;
- la qualité de l'éclairage ;
- la position d'où il parle ; assis ? derrière une chaire ou un bureau ? debout derrière un pupitre ? directement face à l'auditoire ?
- y a-t-il un micro et si oui quelle est la qualité de l'amplification ?
- y a-t-il des supports audiovisuels ou non ? Quelle est la qualité du vidéoprojecteur ?
  (cf. « Faire parler le non-verbal », p. 38).

Sans négliger la forme, capitale, parler à la tribune, c'est toujours remettre le fond du discours au centre de la communication, en prenant appui sur les trois piliers que sont l'expertise, la conviction et la clarté. Et s'il est des questions ou situations que je n'ai pas anticipées, je fais avec ce que je sais. Si je n'ai pas la réponse à la question posée, je le dis *(cf. « Cultiver son indépendance d'esprit et partager des valeurs », p. 125).* À la tribune et quoiqu'en situation de représentation, je reste un orateur, c'est-à-dire qu'à la différence du comédien, je joue mon propre rôle et je dois trouver le ton et les mots justes. »

Animer différents types de réunions

Il existe plusieurs types de réunions : la réunion d'information descendante ; la réunion d'information ascendante ; la réunion de créativité, etc. Chacune a sa spécificité et doit être conçue, animée, vécue différemment. Les rôles de chaque participant, les techniques utilisées, la durée des réunions vont varier. Dans certaines, on écoute et reçoit, dans d'autres on donne son avis, on fait remonter l'information, on cherche et on trouve des idées nouvelles...

Animer une réunion d'information descendante

Le responsable d'une équipe de managers informe ces derniers de la mise en place d'une nouvelle procédure d'évaluation des managers, le 360°, qui consiste à les faire évaluer à la fois par leurs pairs, leurs subordonnés, leurs collègues, leurs clients, leur supérieur hiérarchique.

L'un des collaborateurs réagit : « Mais pourquoi ? À quoi cela sert-il ? »

Un autre enchaîne : « On ne va quand même pas se faire évaluer par nos collaborateurs, c'est le monde à l'envers ! »

Un troisième : « Je sais quels sont les points forts et les points faibles des uns et des autres et nous managers, nous connaissons mieux que personne la situation, c'est une perte de temps et d'argent... »

Un quatrième : « Dans mon équipe, tout va bien, on dépasse largement les objectifs, je ne vois pas ce que l'on pourrait faire de plus... »

Quels enseignements en tirer ?

L'un donne les informations ou les directives, les autres les reçoivent. C'est « top-down ». S'il s'agit d'informations concernant des changements à venir, celui qui intervient doit, à la fois :

- affirmer ses convictions, montrer qu'il croit en ce qu'il dit ;
- rassurer ceux qui résistent au changement, en leur disant ce que seront les invariants ;
- ne pas masquer les incertitudes ou difficultés, s'il y en a.

Il convient pour le responsable de savoir dire : « Écoutez, la décision de mise en place du 360° a déjà été prise. Nous ne sommes pas là pour la remettre en question. »

Il pourra centrer ses efforts sur l'explication de la décision et rassurer ainsi : « Qu'avons-nous à craindre du 360° ? Nous aurons peut-être confirmation de ce que nous savons déjà, mais peut-être aurons-nous aussi des informations, des idées, des suggestions qui aideront à progresser. Ce que je vous demande, c'est de vous concentrer sur les modalités de mise en œuvre de cette décision : quelles questions poser aux différents acteurs du 360°, afin de recueillir ce que nous voulons savoir, ce qui pourra améliorer le fonctionnement, le produit ou le service, les relations, les résultats... ? Et si tout est parfait chez nous, les différents acteurs du 360° nous en renverront l'écho. Faisons-leur confiance. »

Animer une réunion d'information ascendante

Pour diminuer le temps d'attente aux caisses, la direction d'un hypermarché a demandé aux responsables de rayon puis au bureau d'études de proposer des idées. Rien de concret n'en sort, et les clients continuent de se plaindre du temps passé en caisse.

En désespoir de cause, le directeur accepte la proposition de l'un des responsables : et si l'on demandait leur avis aux caissières ? Après tout, elles sont une cinquantaine au contact du client... peut-être pourraient-elles avoir des idées.

Elles se réunissent, travaillent vite et demandent qu'une réunion soit organisée pour entendre leurs propositions.

La réunion a lieu. Deux d'entre elles interviennent, font des suggestions auxquelles personne n'avait pensé, concrètes, efficaces, pleines de bon sens, nécessitant un investissement financier modeste.

Dans la salle, un long silence suit l'intervention. Le directeur prend alors la parole : on va faire ce que vous dites !

Depuis, il n'hésite pas à passer une heure plusieurs fois par semaine avec les caissières, allant les voir sur leur poste de travail, créant du lien, recueillant leurs avis, écoutant leurs doléances, leurs idées, trouvant avec elles des solutions chaque fois que cela est possible.

Le temps d'attente aux caisses a diminué de 60 %.

Quels enseignements en tirer ?

Ce type de réunion consiste à éclairer et à influencer le responsable, à lui apporter des informations qu'on lui doit, des idées, qui vont alimenter son tableau de bord et permettre de progresser. On est là dans une démarche « bottom-up ». Savoir profiter de tous les talents et de toutes les expériences d'où qu'elles viennent.

Partager l'information, c'est poser la question du pouvoir.

Il ne faut pas hésiter à consulter les personnes qui sont au plus près du problème et par conséquent de sa solution, afin de ne pas se priver d'une ressource et d'intelligence.

Deux conceptions s'opposent :

- soit on garde l'information et le problème éventuel pour soi et ainsi on garde le pouvoir, mais quel pouvoir ?
- soit on partage l'information. Cela ne diminue en rien le pouvoir, mais au contraire lui donne plus de consistance. Cela permet aussi de favoriser l'adhésion des collaborateurs.

Aujourd'hui, sauf pour ce qui concerne certaines questions stratégiques qui ne peuvent être mises sur la place publique, pour avancer, il faut partager. Personne ne peut réussir tout seul, qu'il s'agisse du marin en course ou du chef d'entreprise qui veut conquérir des marchés.

La réunion d'information transversale

La réunion d'information transversale consiste à partager avec ses pairs, des collègues, d'autres entités, branches ou secteurs. Rien là de hiérarchique, simplement le partage d'un savoir ou d'informations. Chacun mettra en commun les éléments dont il dispose, les questions en suspens, les options possibles. On est là au cœur du travail en équipe.

L'animateur de la réunion doit veiller à ce que tous puissent s'exprimer, sans retenue. Toutes les expertises sont nécessaires, afin de présenter la meilleure offre possible, qui tienne compte des différents aspects à prendre en considération.

Chacun est écouté, les interventions sont passées au crible de la faisabilité, chaque avis est pesé, l'intérêt général et l'ambition collective doivent être privilégiés.

Animer une réunion de créativité

Aux États-Unis, un fabricant de plateaux d'argile, destinés aux particuliers s'entraînant au tir, voyait son chiffre d'affaires et ses résultats diminuer dangereusement car les plateaux d'argile manqués par les tireurs retombaient dans l'herbe et... endommageaient les lames des tondeuses à gazon.

Personne ne trouvant de solution, les responsables décidèrent, à l'aide d'un consultant qui leur mit rapidement les règles du jeu en main, d'expérimenter la technique d'identification : chacun des présents s'identifia à l'un des éléments de l'action de tir, puis de coupe du gazon.

On eut ainsi un homme-fusil, deux hommes-cartouche, un homme-bras détendeur du plateau, un homme-tondeuse, un homme-lame, un homme-plateau d'argile.... Chacun jouait son rôle, suivant la chronologie des événements. Lorsque son tour arriva de parler, après quelques essais infructueux, on entendit l'homme-plateau d'argile dire : « Attention, moi plateau d'argile, j'entends la tondeuse arriver, je vois la lame qui se rapproche, aïe, aïe, aïe, je vais l'endommager, il faut que je m'en aille, mais je ne peux pas, il faut, il faut... que je disparaisse, que je me fonde dans la terre ! » *Eurêka* ! L'entreprise était sauvée. Elle mit au point des plateaux en glace au lieu de l'argile, qui fondent en quelques minutes, et vendit en outre à ses clients les moules permettant de les congeler, ainsi que le matériel permettant de les conserver et les prélever un par un sur le pas de tir.

Quels enseignements en tirer ?

Il s'agit ici de produire des idées nouvelles, permettant de développer l'activité, de répondre à l'action de la concurrence, de pallier des dysfonctionnements, d'imaginer de nouveaux produits ou services.

Tout le monde est créatif, pour peu que la ou les techniques utilisées, faciles d'accès, soient proposées.

Le fait de ne pas être un spécialiste du sujet traité n'est pas un handicap rhédibitoire (on a vu dans l'industrie pétrolière des ingénieurs buter sur un problème de forage, et des non-spécialistes trouver la solution à cette difficulté à l'aide d'une technique de créativité !).

À titre d'exemple, voici deux de ces techniques : la méthode CQFD et la méthode par identification.

La méthode CQFD et la méthode par identification

La règle CQFD de base

Pas de **C**ensure : chacun évoque toutes les idées qui lui passent par la tête, même s'il les trouve médiocres ; personne ne censure les idées des autres.

La **Q**uantité d'abord : privilégier la quantité d'idées à la qualité.

Oui aux idées **F**arfelues. L'original, la pensée décalée, cela peut payer.

Démultiplions sur les idées des autres : une idée même non pertinente peut aider à en produire une autre. En ce sens aussi, il n'y a pas de mauvaises idées.

Divergence et convergence

La phase divergente, c'est l'application du CQFD. Tout le monde s'exprime, les idées sont rarement parfaites lors de leur émission, on les peaufinera ensuite.

La phase de convergence, c'est le passage au tamis de la faisabilité. On revient à la réalité, on voit ce qui est possible, sans toutefois être esclave des schémas de pensée en vigueur.

Une nouvelle relation avec les collaborateurs

Le tout est pour qui conduit la réunion de créer les conditions de libération de la parole. Une fois les règles du jeu énoncées, les rappeler si besoin. Parler peu, faire un « tour de chauffe » pour que chacun se rode à cette approche parfois originale de résolution de problème, accueillir avec bienveillance les idées qui viennent, ne jamais perdre de vue l'objectif poursuivi, conclure en forme de reprise et synthèse des idées émises, sans oublier de remercier les uns et les autres pour leurs apports.

Parler, c'est aussi reconnaître et remercier.

Ce n'est plus le rôle du petit chef autoritaire, mais au contraire celui de l'animateur capable de créer les conditions de la collaboration de tous.

La méthode par identification

Elle consiste, pour les personnes participant à ce type de réunion, à s'identifier à chacun des éléments (objet, outil...) qui fait que les choses ne fonctionnent pas, à leur donner vie par la parole, à verbaliser ce qu'il faudrait faire ou ne plus faire... Ces réunions, vues de l'extérieur, paraissent originales : elles permettent cependant de trouver des solutions remarquables et sont utilisées avec profit dans de très nombreuses branches d'activité.

Participer à un débat

Un débat est un échange d'idées et d'arguments où toutes les convictions et analyses peuvent *a priori* être exprimées. Il s'agit d'écouter, d'utiliser la reformulation comme on prend un point d'appui, de présenter ses idées sans se laisser hypnotiser par la partie adverse. L'agilité consiste à pouvoir écouter et à être capable de faire du chemin dans le sens de l'autre avant, le cas échéant, de contre-argumenter. Il faut distinguer deux cas : celui où l'objectif est de convaincre l'interlocuteur ; celui où il s'agit de convaincre l'auditoire.

Identifier son interlocuteur

Lors d'un débat télévisé, en octobre 2009, entre Jacques Attali et Xavier Mathieu, délégué CGT de l'usine Continental de Clairvoix, ce dernier eut des propos très emportés contre la situation actuelle et les responsabilités gouvernementales.

Attali lui dit tout ce en quoi il était d'accord avec lui, pour ensuite affirmer très fermement ce qu'il estime inacceptable, « prôner la violence, c'est sortir de la démocratie ». L'intervention porte ses fruits, Xavier Mathieu revient à plus de mesure. Jacques Attali l'a fait évoluer du statut d'irréductible violent vers celui d'opposant. Avec un irréductible, le dialogue est impossible, la fermeté s'impose ; avec un opposant, on peut parler *(cf. « Négocier », p. 187)*.

Quels enseignements en tirer ?

Avant le débat. Préparer, préparer, préparer ! *(cf. « Se poser les six questions incontournables », p. 28)*. Les choses se passent en effet rarement comme on le souhaite exactement ou comme on le prévoit. Raison de plus pour anticiper !

Il y aura bien sûr des éléments que je n'aurai pas préparés, la spontanéité et l'esprit d'à-propos palliant le fait que tout ne peut pas être réglé comme du papier à musique.

Penser aux auditeurs, ceux qu'il va falloir convaincre. Se poser les bonnes questions. Affûter ses arguments, trouver les mots pour le dire, réunir les preuves en les ciblant par rapport à l'auditoire.

Rassembler les informations, produire des idées, les mettre en ordre, circonscrire le sujet, identifier les points clés, les idées principales – trois au maximum – afin de ne pas perdre en chemin l'auditoire, préparer les réponses aux objections majeures prévisibles...

Laisser de l'espace aux débatteurs et à leurs objections : pour jouer aux billes, comme dans les cours de récréation de notre enfance, il faut laisser quelques billes aux autres, sinon il n'y a plus d'échange... Laisser des billes aux autres, c'est accepter que la vérité puisse être partagée. *(cf. « Savoir écouter un interlocuteur », p. 104)*.

Se mettre à la place de ses contradicteurs. Je regarde un événement, une situation depuis leur fenêtre à eux. Ainsi, j'objective et je relativise. En empathie, je me mets dans les « baskets » du contradicteur, je me synchronise avec lui, de façon à avoir à l'esprit les principales objections prévisibles, les questions pièges, et préparer, exemples à l'appui, l'expression de ma propre vision des choses, ainsi que ma stratégie de réponse. Avec courtoisie et respect.

Se mobiliser physiquement, psychologiquement et intellectuellement pour être souple, vif et réactif. Comme avant toute compétition, il faut avoir fait son échauffement. On est là sur un registre très différent : gestion du stress, attention particulière à sa posture, son regard, sa voix, ses intonations qui donnent le sens, sa prononciation, ses silences *(cf. « Obama face à Romney en 2012 », p. 25 et « Le cinquième pilier : habiter les silences », p. 92)*. Se préparer, cela consiste aussi à ne pas se réfugier que dans la partie supérieure de son corps.

Au moment du débat. Dans le cas d'une intervention brève, notamment à la télé, il faut commencer par l'essentiel, en allant droit au but, ce qui n'empêchera pas d'aller dans le détail, d'argumenter, d'illustrer, de témoigner, si le temps le permet.

Travailler l'écoute. De manière dépassionnée, en évitant toute polémique, en cultivant l'humour chaque fois que cela est possible, on accueillera et écoutera les arguments de la partie adverse, on s'y adossera, on les examinera sous différents angles en disant tout l'intérêt qu'ils ont, calmement et sereinement.

Échanger de manière congruente (c'est-à-dire sans qu'il y ait contradiction entre ce que disent les mots, le corps, la voix) dans la séduction, dans la réflexion et dans la conviction, pas en force ou avec arrogance.

La botte secrète : pratiquer l'avocat de l'ange

Cela consiste à dire : « Ce que j'aime dans votre idée, dans votre intervention... » Cela crée du lien avec l'autre, l'incite à préciser ou atténuer son propos. Cela permet aussi de rebondir sur une idée, de la relativiser ou l'approfondir, d'avancer ensuite des arguments complémentaires ou différents, de manier l'humour.

Le rythme doit varier, l'important n'est pas de tout dire trop vite, mais de dire bien ce que l'on a choisi de dire, après avoir trié. Le débat doit s'installer dans un échange au cours duquel on doit affirmer ses convictions, mais aussi reconnaître les incertitudes. Si je parle vrai, si je suis authentique, je passerai la rampe.

L'auditoire a besoin d'être convaincu, rassuré, touché, étonné. Le rationnel seul ne suffit pas, il ne suffit pas d'avoir raison pour faire passer ses idées. La résonance et la part émotionnelle sont aussi importantes que la démonstration logique. Il faut donc, pour passer la rampe, savoir oser et s'exposer, c'est-à-dire se mettre en risque.

Et si j'ai des jugements à porter, qu'ils portent sur les productions ou les idées, pas sur les personnes.

Repérer différents types de comportements lors des débats peut aider à mieux s'adapter à la situation. Si l'on veut en faire une typologie – non exhaustive – que trouve-t-on ?

- Les donneurs de leçons, les technocrates froids. Ils sont arrogants pour certains, mais aussi précis et réalistes pour d'autres.

- Les maniaques, prisonniers des règlements, plus dans la lettre que dans l'esprit, obsessionnels, se perdant dans les détails, ne prenant pas de hauteur pour élargir le spectre, le champ de vision.
- Les bateleurs, manipulateurs. Peut-on dire n'importe quoi dès l'instant qu'on le dit bien, voire très bien ?
- Les planeurs, qui sont ailleurs, pas dans la réalité, mais qui ont aussi parfois des traits de génie grâce à un mode de pensée latéral.
- Enfin, ceux qui écoutent totalement l'autre, prennent en compte sa vision des choses tout en affirmant ensuite calmement leurs propres convictions.

Conclure et choisir la dernière impression que l'on veut laisser *(cf. « Préparer la première et la dernière impression », p. 113)*. Qu'est-ce qui est essentiel ? Si l'auditoire ne devait retenir qu'une chose... Choisir son registre (rationnel, émotionnel, prospectif...) et sa tactique, avec légèreté, humour, ou au contraire en mettant en avant des faits, des preuves, ou encore en laissant le soin à l'auditoire de se déterminer à partir de la formulation d'une interrogation.

« Taisez-vous quand je dialogue ! »

Le patron d'une grande entreprise a souhaité débattre avec un groupe de managers. Ceux-ci, entendant des propos cent fois répétés et l'heure avançant, lui prêtent peu d'attention et parlent entre eux. À aucun moment, les managers ne sont sollicités pour dire ce qu'ils pensent de la situation et des voies de progrès possibles...

Irrité, sanguin, perdant son sang-froid et tout sens de son auditoire, le patron lâche alors : « Taisez-vous quand je dialogue ! »

Débattre lors d'une table ronde

La table ronde consiste en un débat avec tous les participants réunis sur un pied d'égalité. L'idéal est donc l'organisation de l'espace en cercle ou en ovale. Un médiateur est utile. Il peut avoir un rôle plus ou moins actif : soit il n'intervient, après avoir introduit le sujet, que pour distribuer la parole, faire respecter les règles du jeu des échanges (à la façon de Frédéric Taddeï) ; soit il plante largement le décor, questionne, interrompt, jalonne le débat de remarques, synthétise les différentes étapes du propos avec vigueur et respect (à la façon d'Yves Calvi).

Créer les conditions d'une relation adulte-adulte

En janvier 2009, le président de la République avait nommé Richard Descoings, directeur de Sciences Po, chargé d'une mission nationale de concertation sur le lycée. Le climat social dans l'Éducation en France était extrêmement tendu. Un projet de réforme du lycée, initié par le ministre de l'Éducation de l'époque, Xavier Darcos, avait dû être stoppé en décembre par crainte de mouvements lycéens d'ampleur.

Richard Descoings décida alors de mettre en place un forum interactif sur la réforme et parallèlement se lança dans un tour de France des lycées où il organisa des tables rondes. En six mois, il visita 76 départements et anima 80 tables rondes qui duraient de deux à trois heures.

Chaque fois, le scénario était le même. Une grande salle, un réfectoire ou une salle d'études accueillait les participants, enseignants, élèves et parents mêlés. Tous, y compris Richard Descoings, étaient assis sur un strict plan d'égalité grâce à un dispositif de chaises installées en cercle ou en ovale, sur deux ou trois rangées, en fonction du nombre de participants qui oscillait entre 50 et 200 personnes, selon les séances.

Lors des premières tables rondes, en janvier et février, la première moitié du débat se passait en récriminations contre le gouvernement et la suppression des postes, le sentiment de mépris dont se sentait victime une partie de la communauté scolaire. Puis venaient d'autres questions sur l'organisation du temps scolaire, l'orientation, l'apprentissage des langues vivantes, etc. Les lycéens témoignaient d'une grande maturité et eurent à chaque fois des interventions très remarquables, posées, critiques et constructives. Le lycée, ils le vivaient au jour le jour, en avaient à redire et avaient aussi des propositions à formuler. Au fil des semaines, la mission conquit sa légitimité et suscita la confiance. Les débats gagnèrent en sérénité.

Après chaque séance, le rapport écrit des échanges était adressé à la communauté scolaire qui pouvait le corriger avant de le valider et qu'il soit rendu public sur le site de la mission.

Une fois, cependant, l'échange ne fut pas à la hauteur. La mission se rendit dans un lycée des Vosges à Neufchâteau. Le proviseur n'avait pas cru pouvoir organiser la salle selon les indications qui lui avaient été données. Richard Descoings se retrouva assis à une tribune, derrière une table et 150 élèves internes, assis en contrebas, comme au cinéma. Quelques enseignants intervinrent. Mais aucun élève. Un dispositif de participation par SMS avec transcription simultanée des questions ou remarques formulées sur téléphone portable sur grand écran était également proposé pour faciliter les contributions des plus timides. Il n'accueillit que quelques remarques potaches, voire des attaques personnelles à l'encontre de tel enseignant ou de tel élève. Ce fut la seule fois sur 80 où l'on dut suspendre ce dispositif de participation en faisant remarquer au passage aux lycéens que leurs interventions n'étaient pas à la hauteur de ce que l'on attendait d'eux. Bref, une catastrophe.

Quels enseignements en tirer ?

Écouter et prendre en compte la parole. La mission annonce clairement ses objectifs : des propositions concrètes qui émaneront de l'ensemble des tables rondes. Les participants ne parleront pas en vain. L'action suivra la parole. Le rapport écrit de chaque séance, soumis pour validation à l'ensemble des participants contractualise la participation de chacun dans un contexte tendu : il n'y aura pas d'instrumentalisation des prises de parole.

Organiser l'espace. L'erreur de l'équipe de la mission fut d'avoir consenti ce jour-là à une configuration imposée et qui ne correspondait pas à ce qu'elle voulait. À Neufchâteau, les élèves sont maintenus dans leur posture habituelle de « mineurs ». Le rapport physique avec le médiateur est hiérarchisé ; Richard Descoings est en hauteur, à la tribune ; une table le sépare des auditeurs comme s'il avait besoin d'une protection. Les élèves donnent le change, consciemment ou non : placés en situation subordonnée et infantile, ils chahutent et ne donnent que des interventions puériles *(cf. « Faire parler le non-verbal », p. 38)*.

Se positionner en tant que médiateur. En fonction du contexte et de la personnalité du médiateur, le rôle est variable ; il n'y a pas une bonne posture de médiateur de table ronde mais bien un rôle à ajuster à chaque situation. Au cours des tables rondes, Richard Descoings ne restait pas neutre. Il partait d'un point de départ acceptable par tous : s'il y a réforme du lycée, elle n'aura pas pour objectif la réduction des moyens et se fera sans réduction des moyens. Il exprimait cependant, au fil de chaque séance, un certain nombre de convictions et donnait un retour sur ce qu'il entendait, y compris lorsqu'il n'était pas d'accord. Ce qui comptait était moins sa neutralité que sa loyauté. Celle-ci dépendait d'un point essentiel : sa qualité d'écoute. « Je vous entends et le rapport de la mission restituera l'ensemble des idées énoncées ici. Je vous dis cependant lorsque nos idées divergent. »

Paroles de Anne Roumanoff

Anne Roumanoff est humoriste et comédienne. Artiste de scène, elle donne des spectacles à l'Olympia, à Bobino ou encore au théâtre des Bouffes-Parisiens. Elle est chroniqueuse dans plusieurs grandes émissions de radio ou de télévision.
L'interview a lieu entre 23 heures et minuit dans un bar-restaurant en face du théâtre où Anne Roumanoff vient de donner son one-woman show devant une salle comble. L'artiste dit elle-même être épuisée, mais ne veut néanmoins pas reporter l'interview.

Quelle importance a la voix ?

Elle est l'expression de l'être humain. C'est très complexe, très profond. Il est difficile de changer la voix. Je l'ai travaillée pour l'aggraver. J'avais souvent une voix aiguë et criarde. Je faisais aussi des grimaces sur scène ; j'essaie d'atténuer.
La voix est très complexe. Elle est vectrice des émotions, de la colère. Une voix qui tremble. Le rythme de la voix fait partie inhérente des personnages. Chacun a son rythme.
On reconnaît dans quel état sont les gens à leur voix. Les personnes que l'on connaît, on peut savoir comment elles vont, à leur voix. Vous demandez : « Ça va ? » Réponse : « Ça va, ça va... » J'ai l'oreille pour la voix parlée.

Comment gérer sa peur ?

Il n'est pas facile de parler en public. J'ai plusieurs fois participé à des séminaires avec de grands chefs d'entreprise... Certains ne sont pas à l'aise du tout pour parler... Certains sont soporifiques...
C'est normal d'avoir peur. J'ai travaillé avec un orthophoniste, des coachs... La vidéo permet de prendre conscience de choses dont on ne se rendait pas compte. Ça s'apprend, ça se travaille. Ce n'est pas naturel, surtout dans un cadre professionnel. Il y a ceux qui essaient d'être drôles et puis ça tombe à plat. Un moment, j'avais du mal... Je travaille tout le temps, la danse, le chant. C'est la chance d'être artiste. Ceux qui ne le sont pas souvent font leurs études et arrêtent d'apprendre. J'admire ceux qui continuent d'apprendre...
Animer, ça s'apprend, prendre la parole s'apprend, comme la cuisine. Parfois, on est dans le noir. Si

quelqu'un ne nous donne pas des pistes. J'ai réalisé que je n'étais pas tant que ça un désastre en chant et en danse. Aujourd'hui, je peux chanter de façon correcte. Tout peut s'apprendre tout le temps.

Quand j'ai commencé à la radio, j'avais du mal à animer. Du mal à animer le « joyeusement artificiel ». C'est venu avec la détente, des choses techniques et tellement psychiques. Depuis que je suis plus détendue, cela va beaucoup mieux.

« J'admire ceux qui continuent d'apprendre. »

La voix ?

La voix, ça se travaille. J'ai eu des cours de respiration lorsque j'étais étudiante. La voix, ça se fait aussi naturellement. La présence se fait par la voix. La voix donne une perception globale de la personne, c'est une manière d'occuper l'espace. Une crispation se met dans la voix.

Vous avez aussi beaucoup de présence dans les silences...

J'ai moins peur du silence qu'au début. On a peur quand le public ne rit pas. On a peur... on a peur... Aujourd'hui, je suis moins frénétique.

Avez-vous déjà fait un bide ?

On apprend à le gérer. On embraye sur quelque chose dont on est sûr. On fait une vanne dont on est sûr.

L'interview ?

Il faut établir un contact avec la personne qui vous interroge. Ce n'est pas facile d'interviewer. Je l'ai fait beaucoup à certains moments. On a besoin de quelqu'un qui vous donne quelque chose. Il y a des gens qui sont fermés. L'interviewé doit établir un contact avec la personne qui l'interroge. Il faut aider les interviewers ! Il faut aussi éviter d'être énervé si ceux qui vous invitent n'y comprennent rien.

Le charisme de l'orateur ?

L'engagement sur scène est total. À la radio, il est dans la voix. À la télé, on doit donner l'image d'un corps maîtrisé. Sur scène, on est plus libre. À la télé, les gens perçoivent (regardent) ce que vous êtes, ils n'écoutent pas forcément ce que vous dites. Ce que vous êtes, c'est le corps, la voix, les détails, les ondes que l'on dégage, ça sort par la voix, le regard.

Le regard est le miroir de l'âme, la voix est le miroir de l'âme.

La première impression ?

Elle est très importante. L'acteur, l'orateur dégage quelque chose de l'ordre de l'indicible, des ondes. La confiance en soi est très importante. La sympathie est très importante. Parfois, des salles sont plombées, ce n'est pas une question de nombre de gens. La dernière impression est beaucoup moins importante. Quand est-ce que ça va être fini ?

Le début, c'est comment obtenir l'attention des gens. À mes débuts, ce n'était pas toujours facile ; c'est plus facile quand on est attendu.

> « La prise de parole est aussi prise de pouvoir, prise de l'espace. Pour prendre, il faut être fort. »

La question qui manque ?

La confiance en soi. C'est très important. La confiance que l'on inspire. La sympathie, être avec. La sympathie, c'est lorsque quelqu'un dégage une confiance immédiate. Ce que l'on perçoit d'une personne, c'est ce qu'il est profondément, une perception d'inconscient à inconscient. Un ressenti. On ne peut pas le rationaliser.

Chirac a un pouvoir de sympathie considérable. Ce n'est pas une question d'être sincère ou pas. C'est de la chaleur humaine. De la considération et du respect. Ce qui manque à certains, c'est de prendre en considération leur auditoire. Ils sont trop préoccupés de ce que l'on va penser d'eux, de l'impression qu'ils vont faire : ils passent à côté de leur auditoire.

Une question de vulnérabilité ?

Il n'y a pas de loi. On donne son temps, son attention à quelqu'un. La prise de parole est aussi prise de pouvoir, prise de l'espace. Pour prendre, il faut être fort. Être armé, envoyer sa présence au bout de la pièce, au fond de la salle.

Propos recueillis par Cyril Delhay

Paroles de Christian Boiron

Christian Boiron, président des laboratoires Boiron, leader mondial de l'homéopathie (3 700 personnes, plus de 600 millions d'euros de chiffre d'affaires, une présence dans 50 pays, un fort esprit d'innovation sociale et scientifique).

Au siège du laboratoire, un bureau original, avec des couleurs chaudes. On y est bien. Sur la table, pas un papier. Aucun appel pendant notre entretien. Christian Boiron va lui consacrer tout le temps qu'il faudra et même un peu plus, en toute décontraction.

Comment vous y prenez-vous lorsque vous devez vous exprimer en public ?

Je mets beaucoup de sincérité et d'affectivité dans ce que je dis. Je crois qu'il faut tout simplement être soi-même lorsque l'on prend la parole. On transmet ce que l'on est, pas ce que l'on veut donner comme image. Être le même où que je sois, c'est pour moi une vertu.

L'important, lorsque l'on sait que les mots sont des fenêtres ou des murs, c'est l'amour, la passion, et j'ai toujours peur que la forme altère le fond. J'aime aussi la complexité, or il faut simplifier. J'aime aussi le doute. En communication, il faut sans cesse flirter entre le trop complexe et le trop simple. Communiquer avec les jeunes, c'est difficile, pour cette raison, j'ai démissionné trois fois de la fac de médecine où j'enseignais. On est venu me rechercher ! Je suis arrivé à créer la relation à l'aide d'histoires, d'anecdotes, de mises en scène. Je ne sais plus qui disait : « Il ne devrait y avoir de journaux que d'anecdotes. » Je prépare beaucoup, je me trouve insuffisant par rapport à ce que je voudrais être.

> « Je pense qu'il faut tout simplement être soi-même lorsque l'on prend la parole. »

À la radio, plus encore à la télévision, je prépare comme s'il s'agissait d'une page de publicité. On ne peut pas faire retenir 36 messages, un ou deux seulement. Il faut préparer la forme et le fond.

Avez-vous été coaché ?

J'ai été coaché par un journaliste. Il m'a demandé de parler devant la caméra, seul, sans questions auxquelles répondre. Cela a duré une heure.

On a regardé, il m'a demandé mon avis. J'ai répondu : « Beurk... »

Il m'a demandé de recommencer, en trente minutes. Puis en sept minutes. Puis en une minute trente ! Et j'ai découvert que j'arrivais à dire l'essentiel en un temps très court. Comme en pub...

C'est incroyable, pour la publicité on est prêt à préparer beaucoup, avec des agences, pour passer à la télévision on croit que ce n'est pas la peine, ou presque pas, de préparer ! Lors d'un « Complément d'enquête » avec Benoît Duquesne, j'ai préparé pendant trois heures, avec un coach, alors que l'interview allait être très courte, environ sept minutes. On arrive ainsi à faire passer beaucoup en très peu de temps. C'est un gros travail.

En amont de la prise de parole face aux journalistes, j'ai aussi beaucoup travaillé avec le service relations presse du labo sur une charte de relation médias, car c'est en amont qu'il faut sélectionner. Il y a aujourd'hui cinq à dix propositions que je refuse pour une que j'accepte. Si un journaliste veut me voir, voici les questions qu'on lui pose : pourquoi avez-vous vraiment envie de le voir ? Pourquoi pensez-vous qu'il est compétent sur ce sujet ? Connaissez-vous les ouvrages qu'il a écrits ?

> « La méditation, c'est une décontraction centrée, sur ce que je suis, sur ce que les autres sont. »

Et de mon côté je me pose la question suivante : est-ce que je ressens que j'ai quelque chose à dire sur ce sujet ? Ainsi, la sélectivité est plus grande, je fais moins perdre leur temps aux autres et je perds moins le mien.

Aujourd'hui, je n'accepte plus de participer à des tables rondes : elles n'ont d'intérêt que pour ceux qui les organisent, pour une ou deux personnes que l'on met en avant...

Que ressentez-vous quand vous parlez ?

Parler est pour moi un vrai plaisir, beaucoup plus grand que le stress qui m'en empêcherait. Des choses que j'ai aujourd'hui intégrées, qui font partie de moi, je dirais que c'est la surprise. Il faut surprendre, mais pour construire, pour avancer. Ne pas être dans des banalités.

Les attitudes, le non-verbal, tout cela est aujourd'hui engrammé. Cela va jusqu'aux vêtements que je porte. Il faut que je sois bien, à l'aise physiquement.

Aimez-vous participer à des débats ?

Oui, j'aime le débat, je n'aime pas l'opposition sèche, non respectueuse. La contestation verbale ne me gêne pas, le manque de respect, la mauvaise foi, si !

La décontraction ?

C'est la méditation qui m'a permis d'aller vers plus de décontraction tout en restant dans la rigueur. La méditation, c'est une décontraction centrée, sur ce que je suis, sur ce que les autres sont.

Un dernier mot : parler avec des enfants n'est pas toujours simple. Je ne sais pas bien faire le père... J'ai donc fait le choix, pour communiquer avec eux, de trouver des activités qui conviennent à eux et à moi. On a ainsi un terrain commun d'échanges. Aucun ne doit se sacrifier, pour faire plaisir à l'autre. Cela permet, grâce à des films, des jeux, des activités faites ensemble, de les tirer vers le haut, d'en parler ensuite, de leur faire découvrir des choses nouvelles. Cela me permet aussi de les découvrir.

Propos recueillis par Hervé Biju-Duval

Parler juste dans chaque situation

« Penser en stratège, agir en primitif », disait le poète René Char. Tout ce que vous allez lire dans les pages qui suivent, il faudra le connaître, mais au moment de vivre les situations, l'oublier pour n'être que vous-même. Si le savoir, l'expertise, la compétence technique sont indispensables, l'écoute active, la qualité de la relation feront la différence : il ne suffit pas d'avoir raison pour convaincre... Parler juste dans chaque situation, c'est accepter de ne se centrer que sur l'instant présent, pour laisser de l'espace à du « lâcher prise », pour prendre le risque d'un peu de désordre apparent dans le propos, quitte à ce que l'intervention soit un peu moins tirée au cordeau, au profit de plus de vie, d'échange, de résonance.

Se présenter

> Se présenter, c'est faire le premier pas, donner une première impression dont il pourra parfois être ensuite difficile de se détacher ; c'est aussi donner déjà un peu de soi. Dans toute présentation, il y a un rituel à respecter selon les lieux, l'auditoire ou les circonstances, codes dont on ne pourra s'affranchir que si on les a d'abord respectés. Se présenter, c'est aussi surprendre pour capter l'attention.

Se protéger ou s'exposer ?

C'est un séminaire inter-entreprises. Le thème ? « Prise de parole en public et engagement personnel ». Nous sommes dans un grand chalet, face au mont Blanc : les lieux ne sont jamais neutres, certains environnements facilitent la qualité des échanges.

Les participants ne se connaissent pas ; le premier exercice est celui des présentations.

L'un des participants se lève et s'adresse au groupe. Au lieu d'en rester aux lieux communs de la présentation (je m'appelle..., je travaille chez..., je suis chargé de...), il dit pourquoi il est venu, ce sur quoi il veut progresser, et qui il est. « Je suis un ancien alcoolique mondain. Patron d'une unité d'un grand groupe de l'alimentaire, je suis tous les jours en représentation. Apéritifs, déjeuners, cocktails, dîners... je me suis mis à boire sans m'en rendre compte. Et une nuit j'ai vu le regard de mon épouse et de mes enfants, penchés sur moi à 2 heures du matin. J'étais en travers de mon lit, dans un état que je vous laisse deviner. Je me suis alors dit que cela ne pouvait durer et c'est à ce moment précis que j'ai décidé de ne plus jamais toucher à une goutte d'alcool. Et je m'y tiens. J'aide aussi les autres, au sein des Alcooliques anonymes, autant que je peux... »

L'assistance est restée silencieuse un long moment, puis les autres participants ont les uns après les autres pris la parole.

Rarement présentations des uns et des autres ont été aussi authentiques et profondes. Le premier à parler, par son engagement, a imprimé une marque, fixé un niveau d'exigence qui se sont poursuivis lors de l'ensemble des journées.

Quels enseignements en tirer ?

Même si les présentations doivent parfois sacrifier à certains rituels, on a toujours intérêt à vite en sortir, à s'ouvrir, se montrer tel que l'on est, raconter une histoire, donner un peu de soi-même, tout en faisant court et vertébré *(cf. « Avant, pendant, après : à chacun son charisme », p. 103)*.

La première présentation « modélise », c'est ce que l'on appelle l'« effet de sillage » : comme l'un s'y prend, les autres s'y prendront.

Le fait de s'être exposé plutôt que protégé aura des conséquences sur la qualité des échanges et du travail qui suivront.

C'est par l'expression des émotions que l'on capte l'attention. L'assistance retient peu le formel et le convenu, mais elle n'oubliera pas la touche personnelle, l'émotion, les joies, cicatrices et sutures, les échecs qui ont permis de progresser, les victoires remportées sur soi, les aventures qui se dessinent pour demain.

C'est un art délicat que de savoir s'exposer sans verser dans l'impudeur.

Séduire, convaincre ou contraindre : mobiliser pour l'action

Toute mobilisation d'un auditoire commence par sa mobilisation affective. C'est ainsi que s'y prennent les grands orateurs, hommes politiques, chefs d'entreprise, syndicalistes, etc., lorsqu'ils veulent emporter l'adhésion. Si l'on croit pouvoir exclusivement mobiliser intellectuellement l'auditoire, sans préalablement se préoccuper de le mobiliser affectivement, à moins d'avoir face à soi une communauté de militants acquis ou d'experts passionnés par le sujet, on multiplie les risques d'aller au-devant de grandes déceptions.

Donner l'exemple

Nous avons recueilli le témoignage de François Potier, dirigeant d'entreprise.

« Peu après son arrivée à la tête des magasins Le Printemps, le président du directoire voit un jour au Printemps Haussmann, à Paris, une cliente qui attend qu'une caissière veuille bien enregistrer son achat. Plutôt que de faire remarquer au prochain comité de direction que les clientes attendaient parfois longtemps, il est allé vers cette cliente, l'a encaissée et remerciée.

L'information s'est évidemment répandue comme une traînée de poudre dans le magasin du boulevard Haussmann. Il avait gagné. Il faut savoir construire sa légende personnelle. »

Quels enseignements en tirer ?

Séduire : cela touche aux affects.

Convaincre : cela touche à l'intellect. On amène quelqu'un à reconnaître en toute logique la pertinence d'une proposition ou la véracité d'un fait.

Dans le premier cas, il y a mobilisation affective, dans le second, mobilisation intellectuelle. La mobilisation affective ne fait pas nécessairement appel au ressort du raisonnement. Elle suffit parfois : certains, par leur charisme, n'ont pas à faire appel au raisonnement et à l'explicitation pour être suivis. Il est rare en revanche que le rationnel suffise. Ce n'est pas parce que l'on a travaillé, que l'on détient une expertise, que l'on connaît le sujet, que l'auditoire sera convaincu. Il faut d'abord créer du lien, sans se précipiter sur le fond. Il y a un rituel et des préalables, voire des préliminaires à respecter, un apprivoisement à réussir. Les Antiques parlaient en rhétorique de l'incontournable « captation de bienveillance ». Celle-ci, selon leurs règles, devait intervenir dès le début du discours et être entretenue tout au long de l'intervention.

L'anecdote relatée par François Potier souligne la force de la preuve par l'exemple et suggère un comportement pertinent pour séduire et convaincre. Un gage de succès mais aussi un défi de chaque jour pour le manager !

Contraindre ? Faisons en sorte de n'y venir qu'en cas d'urgence extrême, car on entre sinon dans un processus qui peut provoquer de forts remous et devenir contre-productif à moyen ou long terme.

Dernier recours

Alexis Gourvennec, syndicaliste agricole breton, entrepreneur, créateur de la compagnie de transport maritime Brittany Ferries, avait l'habitude de dire :

- d'abord, séduire ;
- puis, si nécessaire, convaincre ;
- enfin, si je n'arrive ni à séduire, ni à convaincre, contraindre.

Vendre un produit ou un service

C'est créer ou révéler un besoin. La compétence, la qualité de la relation, du service, du produit, la satisfaction des demandes, tout cela contribue à l'acte de vente. Mais ce n'est pas suffisant, il faut y ajouter l'amour de ce que l'on fait, la passion de transmettre, le respect de l'autre. Vendre, comme le marketing ou la finance, c'est un métier qui nécessite une vigilance constante. Écouter, se mettre à la disposition de l'autre, répondre à un besoin, cela est noble.

Connaître son client

Gérard Margeon[1], messager du vin, nous livre son témoignage.

« Le sommelier est vendeur de vin dans une salle de restaurant, mais ça ne représente que 25 % de son travail. Les trois quarts de son boulot sont en coulisse. Il partage son temps entre la décision d'achat et la sélection. Il y a la manière de déguster. Il est bon d'être posé, raisonné, sensible pour acheter. Il ne faut pas être impulsif. Savoir attendre… Il faut convaincre son patron. Après seulement, le sommelier vendra bien le vin qu'il aura bien acheté, il sera convaincant s'il est lui-même convaincu.

En salle, il faut deviner le potentiel du client, son besoin. Le client change de tête selon le jour. Il faut adapter son conseil à chaque situation.

À une table de dix personnes, il faut repérer qui est le boss, aller à l'essentiel, deviner. On peut gagner un client ou le perdre. Il faut ne pas se tromper de prix, savoir ce que le client pourra mettre et savoir ce qu'il aime. C'est technique.

---

1. Gérard Margeon est directeur des vins du Groupe Ducasse. Pour aller plus loin, Gérard Margeon, *Les 100 Mots du vin*, PUF, 2009.

Aujourd'hui, il faut faire vite. Tout est servi sur assiette. L'entrée arrive très vite. Le sommelier a quelques secondes... on ne peut pas se tromper.

Un trois-étoiles, c'est un ballet. Certains clients épargnent douze mois pour, une fois dans l'année, venir chez nous... Je fais attention à chaque client, mais peut-être encore plus particulièrement à ce client-là. Un vendredi soir à deux, ici, c'est facilement 800 ou 900 euros, c'est une somme...

Chaque trois-étoiles a un style, ce doit être un style qui touche.

Le vocabulaire du vin m'a beaucoup aidé. Au début, je l'utilisais pour me protéger. Avec l'expérience, on va à l'essentiel.

Aujourd'hui, j'achète le vin et je forme mes équipes pour le vendre. Je veille à ce que le message passe directement, celui que je veux que les sommeliers passent, un message qui vient du viticulteur. Il s'agit de le traduire avec des termes audibles et simples à entendre. »

Quels enseignements en tirer ?

Il n'y a pas de vente sans connaissance du produit et de tout ce qui l'environne. Aucun talent relationnel, quelle que soit son importance, ne peut remplacer l'expertise technique. Connaître son client, être à l'écoute de ses besoins identifiés ou non encore identifiés. Être convaincu qu'on lui rend service, sans pour autant faire de « forcing ».

Bien vendre ne saurait se réduire à bien parler.

C'est par conséquent une exigence très forte et qui nécessite beaucoup de rigueur.

Faire attention au produit et au client

La propriété est grande, l'espace est là, il faut maintenant une piscine, afin que famille et amis puissent, lors des fortes chaleurs estivales, plonger dans une eau fraîche.

Deux entreprises sont sollicitées pour établir un devis.

Le vendeur de l'entreprise « A » connaît son affaire. Bien implanté localement, il construit de nombreuses piscines chaque année. Plutôt que de venir sur place, il a d'abord souhaité voir son client dans ses bureaux.

Il n'écoute pas, interrompt, ne laisse aucun espace au client, paraît même agacé par certaines questions de néophyte, se réfugie dans les aspects techniques du projet, qu'il maîtrise certainement bien d'ailleurs.

Le vendeur « B » est à l'heure. Il souhaite d'abord faire le tour de la propriété et écouter son client. Dans un premier temps, il se tait, posant juste les questions qui permettent de préciser la demande.

Ensuite seulement, il parle, s'aidant de croquis, présentant les différentes options, justifiant ses préférences en termes d'emplacement du bassin, demandant à son client de l'interrompre à tout moment s'il le souhaite.

Quels enseignements en tirer ?

Au-delà de ce qui a été évoqué dans l'exemple précédent, avoir le souci de toujours mettre en premier l'accent sur la mobilisation affective. Cela peut prendre trente secondes ou beaucoup plus selon les situations ou les cultures, mais c'est incontournable.

Vendre, c'est savoir se taire, pour ensuite mieux répondre à la demande.

Aider, donner des conseils, demander conseil

Donner des conseils, c'est aider quelqu'un à réfléchir, anticiper, ressentir, préparer une décision, c'est l'aider à développer son jugement et à évaluer ses propres compétences. C'est révéler les potentiels de progression. Le défi consiste à accroître la performance individuelle et collective. Demander des conseils, c'est accepter de se remettre en question, vouloir progresser avec l'aide d'un autre, qui apportera bienveillance, soutien et exigence.

Se faire conseiller

Un capitaine d'entreprise italien, la cinquantaine, grand amateur d'art, a une vraie passion : le ski. Il y consacre de nombreuses semaines par an. Il passe partout, en toutes neiges, sur piste et hors piste, toujours accompagné d'un moniteur de ski.

Un jour, évoluant avec un nouveau moniteur, il lui demande ce que celui-ci pense de sa manière de skier. Très directement, la réponse vient : « On peut en rester là, et tout ira bien ; vous vous ferez plaisir comme aujourd'hui, mais vous vous priverez alors de nouvelles sensations et de plus vous ne progresserez pas. L'autre option, c'est de tout reprendre. Cela va nécessiter une année, mais vous verrez alors le chemin parcouru. À vous de décider. »

L'homme amoureux du ski a tout repris, avec l'aide de son moniteur, et il a progressé comme il n'imaginait pas pouvoir le faire.

Quels enseignements en tirer ?

Chacun le sait, la carte n'est pas le territoire ! Quels que soient les conseils, il faudra bien, à un moment ou à un autre, que le demandeur de conseils passe à l'action, se confronte à la réalité.

Faire faire est une chose, faire en est une autre.

Le conseiller n'est pas toujours sur le terrain. Il a un rôle propre, spécifique, qui vise à préparer à l'action. Il donne à réfléchir. Plutôt que d'être dans l'injonction ou dans le reproche, il va se mettre en empathie avec l'autre, afin de comprendre ce qui fait que les choses marchent ou ne marchent pas.

Lorsqu'une personne fait une chute à vélo dans la rue, on se précipite pour l'aider, la relever, la soigner. On ne lui reproche pas d'avoir chuté. Lorsqu'un enfant revient à la maison avec de mauvaises notes, il n'est pas rare qu'on le réprimande et qu'on lui demande de se mettre au travail : quelle efficacité ?

Les conseils les plus pertinents s'expriment la plupart du temps sous forme de : « Comment faire pour... ? »

Le conseillé n'est ainsi plus dans une écoute plus ou moins forte et de toute façon passive. Il participe activement à la réflexion, il en est partie prenante, il est force de proposition. Il est donc responsable et acteur de ce qui va suivre, ce qui le met dans une dynamique, une spirale positive pour l'action.

Demander et donner des conseils, cela suppose de part et d'autre de l'habileté et du discernement. Le conseillé doit se mettre à l'écoute de ce qu'il n'imaginait peut-être pas devoir aborder ou prendre en compte. Le conseilleur doit être dans la mesure, rechercher la réflexion en commun plutôt qu'être dans l'injonction ou la certitude. Une vraie relation de confiance respectueuse doit s'établir de part et d'autre.

Personne n'est parfait en tout, mais que cela ne nous empêche pas d'avoir cette ardente obligation de progresser, de travailler points faibles *et* points forts. Évolution permanente plutôt qu'aboutissement.

Questionnons ce qui nous apparaît comme des évidences, ayons en interne ou en externe ce *sparring partner* qui nous éclairera, nous influencera, nous servira (servir, c'est noble) ; bref nous fera grandir.

N'hésitons pas à nous entourer de meilleurs que nous. Regardons comment les autres s'y prennent, même dans des activités ou des contextes culturels différents. Faisons des essais, les erreurs aussi permettent de progresser !

Prenons le temps : on ne fait pas pousser le brin d'herbe en tirant dessus !

Féliciter

Cela signifie que l'on reconnaît le travail, l'effort, et donc le résultat produit et que l'on verbalise cette reconnaissance auprès de l'intéressé. Être reconnu pour ce que l'on a fait, c'est pour tout être humain un besoin vital, comme manger, boire ou dormir. Féliciter, dire ce qui va bien, cela crée les conditions de la motivation, cela responsabilise et entraîne communication, échanges, création de lien et progrès.

Ajuster ses félicitations

Deux grimpeurs encordés et leur guide, sur une paroi granitique. L'un plutôt expérimenté, l'autre plutôt débutant. La course est de difficulté moyenne.

Le débutant, qui a fait perdre du temps aux autres lors de l'ascension, a cependant redoublé d'efforts et finalement atteint le sommet, largement aidé par les autres membres de la cordée. Il est félicité par le guide. Le grimpeur plus expérimenté, qui a évité au néophyte de « dévisser » à deux reprises, l'est moins...

Quels enseignements en tirer ?

Tout être humain a besoin de recevoir des signes de reconnaissance. Chaque félicitation doit être ajustée en fonction du parcours de chacun, des efforts, de l'investissement fourni, des résultats obtenus, même si ceux-ci paraissent modestes.

On ne félicite en effet bien souvent que les meilleurs, alors que les débutants ont aussi besoin de stimulations.

La tentation, lorsque l'on félicite quelqu'un, consiste à rester global et général, plutôt que de préciser à propos de quoi on le félicite.

On a toujours intérêt à ne pas généraliser : dire : « Vous êtes efficace » est plus vague et moins pertinent que dire : « Vous avez fort bien géré le dossier Martin de cette semaine. » Précisons donc ce sur quoi nous félicitons, sinon certains pourraient prendre pour acquis en toutes circonstances ce qui s'applique à une situation, un moment, un dossier.

Mieux vaut féliciter les autres pour ce qu'ils font que pour ce qu'ils sont, même si l'impact émotionnel immédiat est moins fort.

Les félicitations sont brèves, on ne doit pas y revenir.

Ne pas se répandre en compliments gauches et/ou exagérés.

Parler au présent : « Je veux vous dire que... » plutôt que : « Je voulais vous dire que... ».

Ne pas oublier que le moment compte, éviter les phrases du style : « Ah oui, à propos... pendant que j'y pense... »

Certains de ceux qui ne reçoivent pas de signes de reconnaissance positifs peuvent aller jusqu'à faire des bêtises... pour recevoir un signe de reconnaissance négatif, car c'est mieux que rien.

Faire des reproches

C'est dire à l'autre ce qu'il a fait qui ne convient pas, plutôt que ce qu'il est qui ne convient pas. C'est dire aussi les conséquences que cela entraîne. Ainsi est évoqué explicitement l'écart entre, d'une part, un cahier des charges, un contrat passé, un engagement, des règles du jeu et, d'autre part, ce que l'on constate, ce qui en est réalisé. C'est choisir de dire sans délai ce qui ne va pas, en prenant appui sur des faits.

Savoir créer les conditions de la motivation

Un électricien est chargé de faire des travaux dans différents bâtiments, mais cela n'avance pas comme convenu : les délais ne sont pas respectés, la domotique traîne, les travaux ne sont pas conformes. L'homme est en outre de mauvaise humeur car il a d'autres chantiers qui, eux non plus, n'avancent pas – puisqu'il en a trop accepté – et ne peut donc pas les honorer tous...

Le maître d'ouvrage évoque aussitôt qu'il constate l'écart entre le contrat passé et la réalisation, son humeur maussade, les conséquences que cette situation fait peser sur l'ensemble du chantier. Après un léger moment de tension car, entrepreneur individuel, patron chez lui et très attaché à sa liberté d'action, l'électricien n'aime pas qu'on le rappelle à ses devoirs, il finit par convenir des reproches qui sont faits et repart du bon pied : les travaux seront effectués conformément au cahier des charges.

Quels enseignements en tirer ?

Il est douloureux de faire des reproches. Cela suppose de se faire violence, mais c'est aussi nécessaire, comme lorsque les travaux prévus ne sont pas conformes, ou effectués dans les délais.

Faire des reproches :

- c'est objectiver. Cela consiste à dire l'écart entre, d'une part, le contrat passé ou la règle du jeu définie et, d'autre part, ce qui a été fait par l'autre, entre un résultat ou un comportement souhaité et un résultat ou un comportement constaté ;
- c'est demander des explications. « Pourquoi agissez-vous ainsi ? »
- c'est légitimer, fonder cela en droit. Les trois instances de la légitimation sont les règles du jeu (« les règles sont que... et vous... »), l'écart par rapport à un contrat (« le contrat prévoit que... or je constate que... »), l'écart par rapport à des règles de vie en commun (par exemple, au sein d'une équipe, on ne râle pas car cela pollue les relations, cela démobilise, c'est parfois même une forme de sabotage) ;
- c'est mettre en tension. Pour que les choses n'entrent pas par une oreille pour immédiatement sortir par l'autre, il arrive que la crainte soit une plus forte motivation que le désir. Pas de performances sans mise en tension, c'est vrai pour l'étudiant qui prépare des examens, pour le salarié dont l'entreprise recherche la performance, pour l'artiste sur scène... Mais tout doit être fait dans la mesure, afin que le mauvais stress ne l'emporte pas sur le bon.

Si l'on veut éviter d'éventuelles scènes d'hystérie, il faut donc en faire :

- très peu ;
- tout de suite ;
- sans procéder par allusions (« Les allusions sont les lettres anonymes de la conversation », disait Madame de Sévigné...) et en étant précis ;
- sans y revenir ;
- non pas en public mais en face à face.

Sauf à respecter ces cinq règles, on allume des pétards mouillés ou on manie l'explosif !

Tant que les reproches font « souffrir » celui qui les formule et ont un effet sur l'activité ou le comportement de celui qui les reçoit, c'est bon signe : on n'est pas dans la perversité pour qui les fait ; on n'est pas dans la banalisation, dans le « cause toujours » pour qui les reçoit !

Faire parler ses émotions

Faire parler ses émotions, c'est être capable de dire ce que l'on ressent, c'est aussi mobiliser une énergie utile pour convaincre.
L'expression d'une émotion permet la mobilisation affective. Elle s'appuie sur trois fondamentaux :
> l'authenticité : avant d'être extériorisée, l'émotion doit pousser sur un fond sincère ;
> le juste tempo : il s'agit à la fois du contexte dans lequel on exprime l'émotion, et de la durée pendant laquelle elle s'exprime ;
> la qualité de l'interaction : partager une émotion, c'est l'exposer. Le risque est de ne pas garder l'espace pour l'écoute de l'autre.

Maîtriser sa colère

L'expression de la colère dans la prise de parole est une arme à double tranchant. Elle peut donner de la force au propos. Elle peut tout autant discréditer l'orateur et révéler un manque de maîtrise de soi. L'humour et l'ironie sont alors des armes de retour particulièrement efficaces.

Un exemple d'anthologie en a été donné lors du débat qui opposait Nicolas Sarkozy et Ségolène Royal entre les deux tours de la présidentielle de 2007.

La candidate socialiste a pris le feu sur la question de la scolarisation des enfants handicapés et de l'immoralisme politique supposé de son adversaire. Elle a commencé par « monter » sa colère, partant de l'indignation et montant graduellement vers l'expression de l'exaspération. Au début de son intervention, le ton est ferme : « Je pense que l'on a atteint le summum de l'immoralité politique… Je suis proprement scandalisée par ce que je viens d'entendre parce que jouer avec le handicap comme vous venez de le faire est proprement scandaleux. »

Dans cette première phase qui dure un peu plus d'une minute, Ségolène Royal est dans le registre du martèlement de la tête, mais aussi de la main droite. Toutefois, le côté acéré du propos reste tempéré par la terminaison du geste dans les doigts : la dernière phalange du pouce appuie la dernière phalange de l'index dans le registre de l'explication. Au bout de 1'20, une étape est franchie, elle est d'abord corporelle. Ségolène Royal pointe l'index vers son adversaire, puis s'exclame : « Laissez de côté vos tribunaux... » et lève le bras vers l'avant, puis vers le haut puis vers l'arrière pour souligner l'indignation. La colère est verbalisée seulement au bout de 2'29 : « Je suis très en colère... » Ségolène Royal a haussé le ton en allant vers le cri, s'empourprant, les yeux fixés et exorbités d'indignation.

En première réplique, Nicolas Sarkozy lance alors sur un mode où pointe l'ironie : « Madame a ses nerfs... Calmez-vous, ne me parlez pas avec cet index pointé parce que franchement... » D'emblée, il met en exergue le manque de sang-froid apparent de sa rivale et attire les rieurs de son côté en marquant un certain détachement avec le propos offensif de Ségolène Royal, stratégie doublement efficace.

Quels enseignements en tirer ?

Ce moment du débat montre à la fois la puissance de la colère, les risques qu'il y a à jouer de ce registre et la façon d'y répondre. Le chemin de Ségolène Royal était en effet très étroit dès lors que Nicolas Sarkozy lui rétorquait avec sang-froid. Ou bien elle revenait aussitôt au calme et elle aurait semblé donner raison à son adversaire. Ou bien elle assumait la colère au risque de paraître décidément hors de maîtrise d'elle-même, mais en pouvant donner le sentiment d'une indignation authentique qui a sa force.

Seule la deuxième solution était stratégiquement jouable. Ce fut celle que choisit la candidate, qui persévéra dans sa colère en répétant trois fois : « Non, je ne me calmerai pas... Il y a de saines colères » [mot qui eut son succès et fut largement repris après le débat par les commentateurs] tout en prenant soin de baisser graduellement mais très progressivement de ton. « Il y a des colères que j'aurai même lorsque je serai président de la République... »

Face à cette surenchère maîtrisée, le candidat de droite eut beau jeu d'en rajouter : « Ça va être gai alors... » ou encore : « Pour être président de la République, il faut être calme... je ne sais pas pourquoi Madame Royal, d'habitude calme, a perdu ses nerfs... » À quoi la candidate répondit : « Je ne perds pas mes nerfs, je suis en colère. Pas de mépris, Monsieur Sarkozy... Je ne suis pas énervée. Je ne perds pas mon sang-froid, etc. » C'est seulement au bout de la cinquième minute que Ségolène Royal retrouve un mince sourire, tout en prenant soin de conserver un ton ferme et indigné.

La surenchère sur le fil des deux candidats a conduit Ségolène Royal à tenir la ligne de crête de sa colère plus de six minutes (6'20), temps interminable à la télévision, autant de temps étant finalement consacré au cas des enfants handicapés qu'à la « colère » de la candidate socialiste – ou à son supposé manque de sang-froid – devenus eux-mêmes sujets du débat. Stratégiquement, Nicolas Sarkozy a joué la posture de l'homme qui sait garder la maîtrise de soi, le « petit Jésus », face à la « Madone ». Ségolène Royal a pu envoyer un message de puissance, notamment dans les milieux populaires où la colère est plus facilement perçue comme un acte de force. La durée de l'échange et le fait que Ségolène Royal soit revenue à la charge à trois reprises ont contribué à donner l'impression que sa colère était surjouée. Elle a opéré sur terrain glissant.

De façon générale, la colère est particulièrement ambivalente. Elle peut être utile si elle est maîtrisée et vient en soutien d'un propos radical. Une colère, c'est prendre appui sur un certain tonus corporel et un débit du souffle qui se travaille techniquement. Il y a une montée et une descente de la colère. La montée, c'est comme fouetter une émulsion en cuisine, jusqu'à ce que la « sauce prenne », ce moment étant équivalent à l'acmé de la colère. Dans la montée se jouent le tempo et le tonus corporel justes de la colère. Dans la descente s'apprécie la maîtrise de soi.

Ainsi, on peut considérer que Ségolène Royal a « monté sa colère » pendant 2'29, temps à l'issue duquel elle a lâché le fameux : « Je suis très en colère. » Elle a ensuite tenu un palier de colère de 2'30, temps pendant lequel Nicolas Sarkozy a également répondu et où les deux candidats ont croisé le fer, en alternant les prises de parole ou « de bec ». La descente a commencé avec les sourires de Ségolène Royal, au bout de la cinquième minute.

La descente de la colère et l'amorce de cette descente doivent être maîtrisables à la seconde près. C'est dans ce moment que l'auditeur sera susceptible d'être rassuré par l'orateur : « Il se maîtrise puisqu'il est capable de revenir à lui. » Une descente trop rapide peut mettre en lumière une colère factice. Un temps juste est en effet nécessaire pour éteindre le feu de la colère.

La colère dans la situation oratoire nécessite ainsi les techniques de jeu de l'acteur. Avec ce paradoxe que, trop extériorisée, elle ne touche pas. La colère froide, sans cri ni effets de manches, sera souvent le registre le plus efficace.

Le madré et le roquet

Vingt-trois ans plus tôt, lors d'un débat télévisé d'envergure analogue qui avait opposé Jacques Chirac, alors leader de l'opposition, et Laurent Fabius, alors jeune Premier ministre de François Mitterrand, le déroulement avait été différent. Jacques Chirac avait été offensif et avait accusé Laurent Fabius de l'attaquer comme « un roquet ». Au lieu de se jouer de cet écart de ton de son adversaire, Laurent Fabius avait réagi au premier degré en s'exclamant : « Mais, Monsieur, vous parlez au Premier ministre de la France ! » Sa repartie fut alors perçue comme arrogante et largement moquée dans les médias qui réduisirent bien souvent la joute oratoire à ces seuls instants.

Dès le lendemain du débat télévisé, Laurent Fabius faisait publiquement amende honorable dans un quotidien. Trop tard !

Parler en situation de crise

C'est une situation d'urgence, insolite, dans laquelle il faut parler et agir sans délai, d'autant que les conséquences d'un événement risquent d'être multiples. L'origine d'une crise peut être un problème de défaillance technique ou humaine, de santé publique, de société... Parler en situation de crise, c'est aujourd'hui intégrer le fait que l'information circule à toute allure via Internet. On doit, plus encore qu'auparavant, être très attentif à son propos.

Savoir quoi dire et comment le dire

Une trentaine de suicides se succèdent à France Télécom en 2008-2009. Des interventions de Didier Lombard, PDG du groupe pendant cette période, on ne retiendra que la phrase suivante : « Une mode du suicide, qui évidemment choque tout le monde... »

Tout ce qui pourra être dit par la suite ne corrigera jamais cette erreur fondamentale de communication.

Homme de stratégie et de chiffres, le PDG, qui a obtenu de bons résultats à l'international et en termes d'innovation et de finance, ne parviendra pas à surmonter cette crise. Un PDG ne peut pas être que stratège et financier, il doit aussi prendre en compte la détresse et les souffrances du corps social devant les changements imposés à marche forcée, adopter des modes de management pertinents. Un patron doit être dans la géométrie, l'expertise et le savoir, il doit aussi être dans la finesse et la proximité, l'intelligence émotionnelle, le savoir-faire et la compassion dans les moments difficiles. La géométrie s'apprend à l'école, la finesse s'apprend dans la cour de récré...

Didier Lombard quitte son poste de PDG en mars 2010, mais reste « conseiller ». Face aux multiples pressions, il quitte définitivement l'entreprise en mars 2011.

Les crises, un phénomène devenu banal

Seveso, en 1976. Il s'agit d'un accident industriel libérant un nuage toxique (dioxine) : refus d'informations, silence radio, dissimulations, mensonges, la litanie est longue des insuffisances de la direction. L'incompétence est totale pour faire face à la crise.

Three Mile Island en 1979, accident dans une installation nucléaire civile : l'exploitant fait dans la provocation : « Je ne vois pas pourquoi nous devrions vous dire par le menu ce que nous faisons. » Le pouvoir est défaillant en termes d'information. Tout cela provoque une exaspération de l'opinion publique.

Tchernobyl en 1986 : il y a fusion du cœur d'un réacteur de centrale nucléaire en Ukraine, avec relâchement de la radioactivité dans l'environnement. On assiste en France à une communication du type « ligne Maginot » : le nuage toxique ne dépassera pas les frontières... L'opinion publique est sceptique. Plusieurs années après la catastrophe, les médias français multiplient les contre-enquêtes pour démonter la version française.

Ces exemples sont significatifs de ce qu'a été la tendance, la tentation de non-information en période de crise.

Aujourd'hui, alors que les situations de crise abondent, que tout se sait très vite *via* Internet, on ne peut plus, en réponse, se contenter de propos généraux, évasifs ou imprécis.

Qu'il s'agisse de Fukushima, des supposés pots-de-vin touchés par deux responsables de Renault, du puits de pétrole Deepwater dans le golfe du Mexique, l'aspect systémique, l'« effet domino » global de ces crises (les « vagues scélérates » selon la formule de Patrick Lagadec, directeur de recherches à l'École polytechnique) doit être pris en compte. L'éruption du volcan Eyjafjöll en Islande en mars 2010 (en Europe, les avions ne volent plus, entraînant de multiples conséquences), Fukushima (un tremblement de terre qui provoque un raz de marée, qui provoque un accident nucléaire... et Toyota qui perd sa place de numéro un mondial), la crise immobilière aux États-Unis (qui devient financière et économique) en sont des exemples.

Quels enseignements en tirer ?

Être réactif. En situation de crise, le temps qui passe n'est pas un allié. Il faut très vite prendre la parole, même si les informations manquent, rappeler le sens donné aux actions entreprises même si cela passe par des moments difficiles, ou encore se centrer sur les faits, sur leurs conséquences, sur les mesures prises et à prendre, sans oublier l'attention aux hommes et aux femmes. Tout retard de prise de parole en situation de crise se paie cher (rumeurs, fausses informations, non-maîtrise de la primeur de l'information, temps passé à rectifier, image altérée...). Concernant les informations fournies, ne jamais aller au-delà de ce que l'on sait de manière certaine, ne pas hésiter à reconnaître les incertitudes, rester modeste, ne pas vouloir minimiser la réalité de la situation.

Toujours être dans l'empathie en réponse aux questions. « Je sais, je comprends ; vos interrogations, préoccupations, craintes, sont légitimes... »

Revenir aussi aux faits, aux priorités, aux mesures qui ont été prises ou qui vont l'être. Utiliser des mots non anxiogènes, non maladroits.

Être réaliste simple et complet, parler vrai. Toute langue de bois est immédiatement décodée par les différentes parties prenantes. Nous ne sommes plus à l'époque de Seveso ou de Tchernobyl, tout se sait très vite ; c'est « l'effet Twitter ».

S'engager à la transparence. S'engager publiquement à communiquer en continu (point presse, relation avec les différents acteurs de l'événement...) et s'y tenir absolument, même s'il n'y a rien de neuf à évoquer. Mettre en place les accompagnements nécessaires au corps social, aux familles. La transparence est incontournable. Elle permet d'éviter les surprises à venir, d'être dans la cohérence, de calmer les débordements que peuvent provoquer des chocs émotionnels.

Une crise bien gérée peut être une opportunité de changement, de progrès, de mutation, de décision : en chinois ou en grec ancien, le même mot est utilisé pour « crise » et « décision ».

Une crise peut aussi déboucher sur une véritable rupture : on ne cherche pas à revenir à la situation antérieure, on décide de ne plus jamais faire comme avant. Et l'on rebondit.

Mutinerie à bord

Nous sommes en octobre 1492, Christophe Colomb est en mer depuis le 3 août. La révolte gronde à bord de la *Santa-Maria*, l'une des trois caravelles qui traversent l'Atlantique avec une centaine d'hommes, basques et andalous, souvent peu recommandables, les seuls à avoir accepté ce dangereux périple.

La maladie, la faim, l'inconnu, l'absence de vent, tout contribue à faire monter la tension au sein de l'équipage. Le 3 octobre, aucun vent, le 10, c'est la mutinerie.

Son second dit à Christophe Colomb : « Il faut que tu leur parles. »

L'amiral monte à pas lents sur le pont, regarde les uns et les autres, longuement, et leur dit : « Je sais tout ce que vous endurez. La faim, la soif, la maladie... Mais n'oubliez pas pourquoi nous sommes là, ce qu'est notre objectif... »

Tout est dit. Si l'on sait donner du sens à ce que l'on fait, redonner confiance, les uns et les autres adhéreront, se diront : « Il est avec nous, il y croit. »

Par trois fois, l'entourage de Christophe Colomb l'a encouragé à changer de cap. Par trois fois, le navigateur s'y est refusé. Le 12 octobre, Guanahani (rebaptisée San Salvador) est en vue.

(Cité par François Potier, dirigeant d'entreprise)

Négocier

Dans tout système de tension, et la vie est tension, il y a un risque, un seuil de surtension : c'est le conflit. Divergence d'intérêt, désaccord, quel que soit le degré de tension, sous peine de rester dans une impasse, il faut avoir la volonté partagée d'aboutir. C'est rechercher une solution entre partenaires indépendants. C'est ne pas « fermer son ambassade ». Nous passons notre vie à négocier avec patrons, collaborateurs, syndicats, famille, amis. Autant s'y préparer.

Penser en stratège

Au Soudan, le Nord musulman est riche en pétrole, le Sud est pauvre et en majorité animiste ou chrétien. Les heurts furent meurtriers en 2008, Nord et Sud étant en désaccord sur les limites de la région pétrolifère d'Abyei, déjà largement exploitée par un consortium chinois.

La production, de plus de 250 000 barils, rapporte plus de 2 milliards de dollars à Khartoum, au Nord, malgré les protestations du Sud.

Ne parvenant pas à un accord, Nord et Sud, souhaitant chacun garder la main sur la plus grande surface possible de terres pétrolifères, sollicitent le tribunal arbitral de la Cour permanente d'arbitrage de La Haye.

Une modification des frontières Nord et Est de la région contestée est acceptée par chacune des parties en juillet 2009, ce qui fait dire au professeur Pierre-Marie Dupuy, président du tribunal arbitral : « Nous sommes confiants dans le fait que les parties exécuteront la sentence de bonne foi[1]. »

1. Les développements de la crise qui se perpétue depuis 2008 rappellent combien le respect du droit international et d'un arbitrage sont fragiles.

Quels enseignements en tirer ?

Dans toute négociation, deux éléments majeurs se télescopent constamment : antagonisme et synergie.

Dès lors, trois logiques d'action sont possibles :

- engager une stratégie haute, c'est-à-dire avoir plus de synergie que d'antagonisme, faire du crédit d'intention, jouer *gagnant-gagnant*. C'est le choix que firent les Soudanais du Nord et du Sud[1], au moins en apparence ;
- engager une stratégie médiane, c'est-à-dire avoir autant de synergie que d'antagonisme. On aura des exigences, on jouera *donnant-donnant*. C'est le cas de la négociation qui aboutit entre Israël et l'Égypte sur le Sinaï *(cf. encadré ci-dessous)*.
- engager une stratégie basse, dans laquelle on met de côté la négociation pour s'ancrer sur la détermination que l'on a. On tente alors d'imposer ses vues, son projet, ses exigences. C'est le passage en force, c'est jouer *gagnant-perdant*.

Pour avoir une stratégie basse, il faut du pouvoir.

L'enjeu du Sinaï

Après la guerre du Sinaï entre Israël et l'Égypte, il a bien fallu négocier pour faire la paix.

Les Israéliens ne voulaient pas rendre le Sinaï qu'ils avaient conquis militairement.

Les Égyptiens réclamaient le respect de leurs droits sur une contrée qui faisait historiquement partie de leur territoire.

Les négociateurs-médiateurs américains étaient perplexes. La discussion a permis de mieux évaluer les raisons pour lesquelles Israël était opposé à la restitution du Sinaï : en cas d'attaque aérienne sur Israël, l'armée avait besoin de dix minutes pour neutraliser les avions ennemis. Or, si l'Égypte installait des bases dans le Sinaï tout proche, ce délai était trop court pour pouvoir réagir efficacement, du fait de l'exiguïté du territoire israélien.

Les médiateurs demandèrent alors à l'Égypte si elle acceptait, au cas où elle récupérerait le Sinaï, d'en

1. Les développements de la crise au Soudan conduisent à penser que rien n'est jamais acquis.

faire une zone démilitarisée. La réponse fut positive.

On aboutit ainsi à un accord préservant les intérêts (et l'honneur !) des deux pays.

D'un côté Israël avait l'assurance, garantie internationalement, qu'aucune base ne serait installée dans le Sinaï, qui deviendrait une zone démilitarisée.

De l'autre, l'Égypte récupérait le Sinaï, sa terre.

Cinq règles d'efficacité sont incontournables dans la prise de parole en situation de négociation :

1. synergie et pouvoir équivalent, c'est le plus déterminé qui l'emportera. Corollaire : l'intransigeance paye !

2. la stratégie haute est d'autant plus payante que l'autre est plus synergique. La stratégie haute est d'autant moins payante que l'autre est plus antagoniste (à pouvoir équivalent). Corollaire : l'antagonisme pèse plus que la synergie !

3. avec des passifs, alliés potentiels, la stratégie basse est dans le temps contre-productive. Être avec eux dans une stratégie d'imposition, c'est jouer perdant ;

4. il suffit qu'un partenaire se positionne en stratégie basse pour que l'autre soit finalement conduit à s'y mettre aussi. C'est l'aspect radicalisation des positions, c'est la descente aux enfers ;

5. pratiquer la stratégie haute si possible. Revenir aux stratégies basses si besoin. Quand on commence à négocier avec une stratégie haute, on peut si nécessaire descendre progressivement. Quand on commence à négocier en stratégie basse, on ne peut pas remonter, car on serait alors décrédibilisé, sauf à changer les négociateurs. Soit on gagne, soit on perd. Partout où cela est possible, tenter l'ajustement, le compromis. Si l'autre est radicalisé, veut aller à l'affrontement, il faut alors avoir du pouvoir si l'on ne veut pas se faire laminer.

Le pouvoir est éminemment relationnel : ce sont par exemple de bonnes relations avec les médias, des relations publiques et une communication structurées.

La détermination, c'est ce qui fait gagner en crédibilité vis-à-vis de la partie adverse.

Quand on veut faire un compromis, si l'on n'a pas de pouvoir, on perd en crédibilité.

Pouvoir, détermination et crédibilité prennent appui sur une parole maîtrisée.

Dans les logiques gagnant-gagnant, donnant-donnant, gagnant-perdant, les rôles sont différents, la parole aura à s'ajuster en fonction des choix effectués.

Cela dit, on peut, même dans les stratégies les plus basses, rester doux sur la forme tout en étant dur sur le fond : on appelle cela la « stratégie des bandelettes », en référence aux momies égyptiennes. La forme est extrêmement douce, l'autre croit être en stratégie haute, donne son accord sur les premiers éléments de la négociation, et peu à peu il se retrouve « bandeletté » et donc dans l'incapacité de bouger, de réagir, pris qu'il est dans l'écheveau des premiers éléments négociés.

Dans cette hypothèse, gare aux réactions dans le temps : quand l'animal blessé est coincé, n'ayant plus rien à perdre, il ne lui reste plus qu'à mordre.

Distinguer les opposants des irréductibles. Ce qui différencie un opposant d'un irréductible, c'est la loi, le respect de la légalité. Il faut savoir les différencier, ils ne se traitent pas de la même façon *(cf. « Participer à un débat », p. 151.* Dans ce débat, Jacques Attali ramène Xavier Mathieu à plus de mesure et, ce faisant, du camp des irréductibles vers celui des opposants).

Prenons l'exemple d'une manifestation dans la rue. L'objectif du service d'ordre interne à la manifestation organisée par des opposants sera de se préserver des irréductibles, d'où le cordon sanitaire entre opposants et irréductibles, car si l'on ne parle sur les antennes que des incontrôlés, les opposants y perdent.

Être présent sur le terrain. Pour engager le plus grand nombre dans l'opposition et s'octroyer une légitimité, les opposants doivent être très présents sur le terrain, sur ce qui est susceptible de créer de la surtension, afin de travailler les passifs (le marché de l'opposant, ce sont les passifs), c'est-à-dire ceux qui n'ont *a priori* pas trop d'avis sur la question, ceux qui attendent de voir, et ils sont nombreux.

C'est par exemple l'assemblée générale à la sortie d'un comité central d'entreprise. On harangue la foule, passive. On y arrive d'autant mieux que l'on est charismatique. Pour cela, il faut oser être un peu impudique, mettre en avant ses émotions.

Certains politiques, syndicalistes, chefs d'entreprise font cela très bien.

Paroles de Jean-Pierre Mignard

Jean-Pierre Mignard est avocat au barreau de Paris, maître de conférences à Sciences Po, docteur en droit pénal de l'université Paris-I Panthéon-Sorbonne et fondateur du cabinet Lysias. Il est intervenu comme conseil dans de nombreux dossiers retentissants. Il œuvre régulièrement comme avocat pour la défense des droits de l'homme et effectue de nombreuses missions d'observation judiciaire sous mandat de l'ONU.
L'interview a lieu au domicile de Jean-Pierre Mignard, sous les toits. Une grande table transparente dans un décor chaleureux.

Qu'est-ce qui fait un bon orateur ?

C'est la sincérité. L'investissement honnête d'une personne dans son expression. La sincérité est le fondement de toute expression susceptible de convaincre. Elle est le moteur de la conviction, son énergie, la seule susceptible d'aller à la rencontre de chacun des auditeurs. C'est d'autant plus nécessaire que les auditeurs ne sont pas connus par l'orateur et sont perceptibles seulement par la présence et le regard.

> « L'entrée dans le discours est capitale. »

La sincérité suffit-elle ?

C'est aussi le travail, c'est-à-dire pour un avocat, la nécessité d'allier à la sincérité la clarté, une pédagogie, des solutions théoriques à offrir à un litige qui ont donné lieu à un contentieux. L'art oratoire demande un travail, des habiletés, au service d'une sincérité. S'il y a habilité sans travail, le propos restera creux. Sans sincérité, il ne convaincra pas.
L'art oratoire est donc un code d'expression avec comme fondement la sincérité.
Sincérité, clarté, pédagogie, voilà le triptyque qui fait selon moi un bon orateur chez les avocats.

Y a-t-il une stratégie pour composer son discours ?

L'organisation du discours doit permettre de tout dire, mais il ne doit pas être trop long pour ne pas lasser. L'entrée dans le discours est capitale. Les premiers mots sont essentiels. Ils vont ou non capter l'intérêt de l'auditoire. Il faut sortir du rituel de présentation : « Madame la Présidente, j'ai l'honneur de présenter… » Par une phrase ramassée, je préfère mettre immédiatement le tribunal devant le choix qu'il aura à faire. Seulement après, je dirai : « J'ai l'honneur… » Les premiers mots doivent permettre de saisir l'auditoire.

Quelle part pour l'argumentation technique, quelle part pour l'émotion ?

Plus l'argumentation juridique est intense dans une démonstration, plus la partie pédagogique l'emportera sur l'expression de la sincérité. Au civil, il y a besoin de clarté, d'argumentation qui repose sur un savoir partagé avec le ou les juges. L'indignation, comme à la guerre, sert de bombardement avant d'occuper le terrain. C'est un bombardement pédagogique. Il prépare l'esprit des auditeurs à prêter attention à l'argumentation raisonnée sur un fait qui les aura interpellés.
La fin du discours doit souligner la gravité des faits, reprendre l'argumentation première mais d'une façon apaisée. L'indignation de clôture doit sous-entendre que désormais les juges la partagent. À la fin, la deuxième indignation est une indignation de connivence avec la juridiction. Même si l'on ne peut être certain que les juges la partagent à ce moment-là, il faut faire comme si, sinon c'est s'avouer vaincu d'avance.
Ce qui va leur donner envie de vous donner raison, c'est votre sincérité. Nous restons dans une sincérité professionnelle.

Qu'appelez-vous une sincérité professionnelle ?

Cris et pleurs seraient sincères mais notoirement insuffisants pour accéder au juge. Éventuellement, un accusé innocent pourra s'exprimer par cris et pleurs. Un avocat devra, lui, organiser sa sincérité, ce qui ne signifie pas être duplice, mais mettre son savoir-faire oratoire au service de la sincérité.

La vigueur du ton ?

L'émotion, sans en abuser, doit être présente. Des juges doivent pouvoir discerner une émotion. Cela signifiera l'importance du dossier ou de son enjeu humain. Cela soulignera que l'avocat est troublé. La question pour lui est : jusqu'où déplace-t-on le curseur de la pudeur ou de l'impudeur ? Il y a des dossiers sur lesquels l'avocat préfère en rester à la clarté des faits et à l'argumentation juridique, c'est le minimum d'engagement qu'il puisse avoir.

> « J'ai vu Robert Badinter jeune et beau, le visage décomposé, dans des affaires où la mort était réclamée. »

L'émotion accompagne une complicité morale avec le tribunal et la cour.

C'est-à-dire ?

Si l'indignation est partagée, la communication est réussie et laisse place à la volonté de trouver une solution juridique dans la paix retrouvée. L'art oratoire aboutit à une convergence avec l'auditoire et doit l'élever ; il est alors une convergence où chacun s'élève. « Tout ce qui monte converge », disait Theilard de Chardin. Une plaidoirie pourra être un chant d'amour, un moment de rencontre humaine tout à fait exceptionnel, des moments uniques qui fabriquent l'estime. Voilà pourquoi seule la sincérité peut fonctionner. Les juges entendent chaque jour quinze avocats, et ce, toute leur vie.

> « Il faut être sincère avec les journalistes, mais c'est un tout autre art de communication... »

L'engagement physique ?

Il y a une hystérie de l'art oratoire. L'hystérie va parcourir comme un frisson toute la plaidoirie. L'indignation, l'aversion devra parcourir mais de manière infime l'exposé des faits. La clarté ne peut pas être seulement froide. L'aversion pour faire partager la compassion pour la victime, si je défends un prévenu, l'aversion de voir condamner une personne pour laquelle il n'y a pas de preuves, pour laquelle le droit n'a pas prévu de peine.

Concrètement ?

Le son de la voix est important, la décomposition du visage aussi. Elle est très importante pour exprimer l'indignation. C'est un changement du visage, les joues rentrées, qui se soulèvent à la commissure des lèvres. J'ai vu ainsi Robert Badinter jeune et beau, le visage décomposé, dans des affaires où la mort était réclamée.

Y a-t-il une évolution de l'engagement physique de l'avocat au fil du discours ?

Il y a un fonctionnement de l'hystérie qui conduit à la catharsis finale. La voix pourra être tendue au début, il faudra canaliser le discours, avant que la fièvre ne le parcoure. Le corps sera plus figé à l'origine, naturellement réduit. Dans un premier temps, l'avocat ne bougera pas. Ce qui n'est pas envisageable au début le deviendra, se déplacer. Le verbe aura brisé l'espace. Un tel comportement aurait paru étrange à l'origine du discours. La sincérité met le corps en mouvement. Ce mouvement ne doit pas paraître étrange ou fantasque. En même temps, l'indignation ne s'imagine pas sur un corps feutré. L'excellence oratoire ajoutée au métier, voilà la résultante pour l'orateur de sa propre histoire. On dévoilera toujours en partie son être intime.

Vous mettez-vous parfois en colère ?

Les auditeurs doivent sentir le plus grand respect, mais la colère peut être une façon d'exprimer le respect. Elle peut signifier : vous méritez mieux que cela. « La colère est l'exagération de la pitié », disait Claudel.

Le stress ?

Le souffle est court au début. C'est un moment de tension. Je me suis tendu dès le matin parce que je sais que je vais plaider, même après trente-cinq ans de plaidoiries, je n'ai aucune sérénité.

J'attends le moment où je vais plaider. Je mobilise du stress, de l'adrénaline. Il s'agit de quitter la tension des premiers mots pour obtenir la maîtrise de son expression.

Si vous ne captez pas l'intérêt du tribunal, vous êtes totalement déstabilisé. Il faut capter des gens qui peuvent avoir des soucis, ne pas avoir de sympathie pour vous...

Parler avec les journalistes ?

C'est beaucoup de difficultés. Ils sont d'abord intéressés par le sensible. Ils ne sont pas sensibles à la clarté ou à l'argumentation. Ils sont sensibles à l'indignation, mais l'indignation cathartique n'est possible et nécessaire que dans les juridictions ; elle devient absurde sans ce qui précède. Elle est le résultat de cette chimie qui demande du temps, une heure peut-être. Isolée, elle peut aboutir à un résultat catastrophique en matière de communication. Or, parler en droit répugne au journaliste. D'où la difficulté.

Comment répondre alors au journaliste ?

On doit avant toute intervention dans les médias : savoir ce que l'on va dire, faire passer un message et un seul, avoir conscience que seules passent les têtes de chapitre.

L'intéressant, c'est le *off*. Si le journaliste partage les mots dits en dehors, il pourra les utiliser pour introduire le sujet. L'organisation du reportage va alors se faire dans le sens de ce que l'on va dire. Il faut être sincère avec les journalistes, mais c'est un tout autre art de communication... Et cependant la justice étant publique, il faut faire vivre la notion de publicité des affaires juridictionnelles.

Propos recueillis par Cyril Delhay

Paroles de François Potier

François Potier. Président de François Potier Conseils, il a auparavant été DRH de grands groupes à forte culture. Il a opéré pendant seize ans dans la distribution, dix-sept ans dans le BTP puis dans la protection sociale et le conseil.
L'île Saint-Germain. L'ambiance est à l'échange, voire à la confidence.

Quels sont les talents attendus des orateurs ?

Quand on arrive dans une salle pour y prendre la parole, c'est l'auditoire qui est important. Je suis toujours très frappé quand je vois des orateurs oublier la salle. Il faut respirer la salle, aller chercher le plaisir avec les gens. Il y a toujours quelqu'un de bienveillant dans une salle. Ensuite il faut raconter une histoire, les mettre dans l'histoire que l'on raconte. Cela a des effets immédiats, les gens s'approprient votre exposé.

« Il faut respirer la salle, aller chercher le plaisir avec les gens »

Qu'en est-il du stress ?

Il m'est arrivé d'être terrorisé, devant une salle de 1 000 personnes. Je suis sorti de ce stress en leur disant : « J'aimerais que vous veniez à ma place, car c'est vraiment très très impressionnant... » Ils ont alors applaudi ! Et j'ai pu commencer !

Comment capter l'attention ?

Sur les contenus, il faut des anecdotes, des images. Il faut que les gens se représentent les choses. À l'École navale, je suis intervenu sur le thème du leadership. Les promotions de cette école sont constituées d'élèves intellectuellement brillants. Je leur ai dit que je n'avais rien à leur apprendre, que par contre il s'agissait pour eux de comprendre les situations auxquelles ils étaient ou allaient être confrontés. Savoir, certes, mais aussi savoir y faire... Le meilleur équipage, c'est celui que l'on vous donne, et vous ne ferez rien tant que l'équipage n'aura pas compris, chacun avec ses compétences et à son poste. Je leur ai également dit qu'aucun chef n'était propriétaire du leadership. Cela tourne.

Il faut donc des images, des anecdotes, comprendre, visualiser, aller chercher les gens, les connaître, avoir et montrer de l'intérêt pour eux, bref connaître la couleur de leurs yeux !

Lorsque Bouygues a construit la mosquée de Casablanca, à la fin des travaux, Hassan II est intervenu pour changer les plans du minaret, alors que tout était déjà très avancé.

« Je veux un minaret de... 200 mètres de haut, celui-ci n'est pas assez haut, le Maroc doit avoir le plus grand minaret qui soit ! »

Les ingénieurs ont revu tous les plans, refait tous les calculs, ont repris les fondations... et l'impossible a été réalisé.

Plus le projet est ambitieux, plus les fondations, les fondamentaux doivent être travaillés et solides.

La prise de parole en public, c'est montrer que l'on est en relation, aller au contact. Cela suppose que l'on prenne le risque du « lâcher prise » tout en étant centré sur ce que l'on fait.

Finalement, que retient-on d'un discours ? Quatre ou cinq mots. Il faut donc commencer par la fin. Et après on explique. Y compris pour des choses gigantesques. Cela permet de cadrer. On est à livre ouvert.

Comment progresser ?

En sortant de son personnage, en se mettant en risque. Si l'on est enfermé lorsque l'on prend la parole, si on ne brise pas son cercle, alors on ne progresse pas.

J'ai beaucoup appris au contact de Serge Weinberg lorsque j'étais chez PPR. Il n'avait jamais aucun papier et savait abandonner ce qu'il avait préparé pour prendre une image, par exemple parler de cette chef de rayon de la Fnac qui, s'agissant de son travail, parlait... d'amour.

> « Quand on prépare une intervention, il ne faut pas être seul »

Si l'on ne veut pas prendre de risques, le risque du contact, de quitter ses notes, de tenir compte de ce qui se passe dans la salle, on peut très vite devenir très mauvais. Et les gens, perspicaces et impitoyables, s'ennuient vite et décrochent.

Un orateur, dont le verbe est l'outil, doit aimer ce qu'il est en train de faire, doit avoir réfléchi aux deux ou trois messages qu'il veut faire passer. Il faut pour cela diffuser de l'énergie, avoir du souffle. Cela se joue vite, dans les quelques premières secondes ou minutes.

Comment préparez-vous vos interventions ?

Quand on prépare, il ne faut pas être seul. En ce qui me concerne, j'ai besoin d'écrire, pour me mettre les choses en tête. Je regarde et construis le paysage général. Ensuite je vais dans le cœur du sujet, avec des images et des anecdotes. De la même manière, faire une synthèse, cela se prépare et se construit. Cela passe par une grande écoute et une vraie concentration sur l'essentiel.

Voyez-vous de grandes différences dans les modes d'intervention, selon les cultures, dans le monde des affaires internationales ?

Que oui ! Aux États-Unis, on est très direct, on va tout de suite à l'essentiel, les mots claquent.
Domenico De Sole, Tom Ford, Robert Polet (tous trois anciens de Gucci) sont de culture nord-américaine, mais ont en même temps des spécificités qui donnent du corps à leurs discours. De Sole est avant tout un avocat, son accent inimitable le sert, il y a chez lui comme chez Polet beaucoup de séduction.

Quels sont les risques majeurs, pour quelqu'un qui maîtrise bien le verbe ?

Le fait d'être connu peut être un risque. Le succès enferme. On peut aussi être assez vite dans l'arrogance, ou dans la fausse sympathie, ou encore ne pas (ou mal) écouter, penser à ce que l'on doit dire plutôt qu'à ce qui est dit par les autres.

Que privilégiez-vous, dans la prise de parole ?

Sans hésitation, l'énergie, le sens donné, les hommes, plutôt que le résultat voulu, froid et sec.
Mais cela ne vaut pas que pour la prise de parole.

Propos recueillis par Hervé Biju-Duval

Parler aux médias

Les médias (presse écrite, radio, télévision, Web) constituent un monde où la prise de parole obéit à des exigences particulières. On risque plus que l'on ne croit si l'on n'en connaît pas les fondamentaux. Nul n'est obligé de répondre aux médias. Y aller, c'est en accepter les règles et savoir pourquoi on y va. Cela est d'autant plus crucial que l'on change de positionnement : tout le monde a besoin de communiquer aujourd'hui. Il faut expliquer et justifier beaucoup. La position d'autorité est moins bien acceptée qu'auparavant. On change également d'échelle. Si un studio de radio ou de télévision met dans une situation de proximité avec l'animateur ou le journaliste, la parole va alors être entendue par des milliers, voire des millions de personnes. Une reprise par d'autres médias ou sur le Web et la diffusion peut en être démultipliée à l'infini. Cela ne tient pas seulement à la nature des faits. Comme le notait McLuhan il y a déjà cinquante ans, la communication est à l'heure du « village planétaire ». Parler à un journaliste, ou sans sa médiation, à la radio, à la télé ou sur le Web, peut offrir une grande efficacité de communication comme provoquer un retentissement redoutable, sans guère de limite géographique et avec une traçabilité dans le temps dont le contrôle nous échappe : la parole ne s'envole plus.

Répondre à une interview pour la presse

Répondre à une interview pour la presse fait partie des bases de la communication. Encore faut-il connaître les attentes et les contraintes du journaliste qui vous interviewe, savoir soi-même ce que l'on veut défendre et maîtriser les règles du jeu. Sans négliger le fait qu'un propos différent, que l'on n'avait pas prévu ou auquel on n'avait pas pensé, peut-être même mieux élaboré, pourra naître d'une interview réussie qui se sera déroulée dans une écoute partagée. Il faut distinguer encore les différents médias.

Des exigences décuplées : les déconvenues d'un nouvel ambassadeur

L'ambassadeur de France en Tunisie, Boris Boillon reçoit la presse tunisienne pour un déjeuner. Nous sommes le 17 février 2011, alors que les Tunisiens viennent de chasser le président dictateur Ben Ali du pouvoir par des manifestations populaires. La situation de l'ambassadeur de France est cependant délicate. Il vient de prendre ses fonctions. Surtout, la ministre des Affaires étrangères dont il dépend, Mme Alliot-Marie, vient d'être prise dans une tourmente médiatique pour une triple raison :

- avoir séjourné en Tunisie quelques semaines plus tôt, à titre privé alors que la révolte populaire commençait et était réprimée ;
- avoir accepté de prendre un vol interne sur un avion privé à l'invitation d'un riche homme d'affaires qui aurait été très proche du pouvoir alors en place ;
- avoir déclaré ensuite devant le Parlement français que la France offrirait « son expertise sécuritaire au pouvoir en place ».

Lors de ce déjeuner avec le nouvel ambassadeur de France, une douzaine de journalistes sont présents et prennent des notes. Une petite caméra fixe également l'essentiel de l'échange dont plusieurs extraits seront ensuite diffusés sur le Web.

Boris Boillon ouvre la rencontre par ces propos : « On est vraiment ici pour ouvrir une nouvelle page dans la relation bilatérale, dans la relation entre nos deux pays et cela implique aussi un autre style et une autre approche. Moi, je suis là pour m'ouvrir à la société tunisienne, je suis là pour découvrir ce que l'on ne connaît plus ou ce que l'on n'a pas eu l'occasion de connaître, je veux découvrir la société civile, je veux découvrir tout le monde, les forces politiques, et pas seulement Tunis la capitale, mais aussi la Tunisie profonde, la Tunisie du terroir comme on peut dire et vous êtes les bienvenus ici, si vous voulez voyager avec moi... »

Le jeune ambassadeur alterne en outre les propos en arabe et en français ; tout semble en place pour une bonne captation de bienveillance *(cf. « Préparer la première et la dernière impression », p. 113)*

Et de poursuivre : « La Tunisie est le pays des miracles et ce qui s'est passé, c'est la preuve qu'un homme libre, un peuple libre peut réaliser tous les miracles, et la Tunisie a donné au monde une leçon d'espoir, une leçon d'espérance... Et comme vous le savez, le tourisme, c'est 7 % du PIB de la Tunisie, et la France, c'est 1,5 million de touristes français en Tunisie. Et comme mesure concrète, on veut relancer le tourisme français en Tunisie et on le dit très fort, très haut et très clair. Les Français, les Européens doivent reprendre leurs activités touristiques en Tunisie. Le tourisme en Tunisie, ça génère des activités dans des centaines de secteurs (les transports, l'artisanat, l'hôtellerie) et donc c'est quelque chose qui est tout à fait important. Je veux fluidifier la circulation entre nos deux pays. Il n'y a pas de coopération entre les peuples, il n'y a pas d'amitié sans cet échange humain. »

Première question d'une journaliste :

« C'est-à-dire il y aura des allègements au niveau des mesures d'obtention du visa ?

– Non, c'est pas des allègements. Ça veut dire qu'il faut juste faire en sorte de fluidifier les choses. Actuellement, on a un certain nombre de Tunisiens qui vont en France chaque année. On va faire en sorte que plus de Tunisiens aient la possibilité de se rendre en France et en Europe. De manière régulière sans susciter de drames et sans humiliation et sans gêner les gens. » [...]

Un peu plus tard, une journaliste demande à l'ambassadeur de préciser ses propos car il vient de déclarer que selon lui « la France est mal placée pour donner des leçons dans le domaine de l'État de droit et dans le domaine de la démocratie ». L'ambassadeur hausse alors la voix :

– Non je ne peux pas expliciter, je dis ce que j'ai à dire et n'essayez pas de me coincer avec des trucs à la con. Voilà, la France n'a pas de leçon à donner, il y a un peuple tunisien qui a montré de manière exceptionnelle, de manière pionnière au XXIe siècle ce qu'est la e-révolution. Moi, je ne suis pas là pour faire de la polémique, je ne suis pas là pour créer des problèmes, je suis là, mais pour créer des solutions, donc n'essayez pas de me faire tomber sur des trucs débiles. Franchement, franchement, vous croyez que j'ai ce niveau-là. Vous croyez que je suis dans la petite phrase débile. Moi, je suis là pour exposer une philosophie. Je ne suis pas là pour me mettre dans des situations "il a dit ça".

– Ça n'est absolument pas mon but de vous mettre dans une situation débile !

– Moi, je suis pour le contrat de confiance entre nous. Moi, honnêtement, je suis prêt à vous ouvrir mon cœur et à vous ouvrir mes livres à partir du moment où l'on a entre nous une relation responsable. » [...]

Plus tard, une journaliste l'interroge sur les séjours de Michèle Alliot-Marie en Tunisie et ses accointances supposées avec le pouvoir de Ben Ali. Ce à quoi Boris Boillon répond : « Mme Alliot-Marie, c'est ma responsable, je ne suis pas au courant, et Mme Alliot-Marie a elle-même dit ce qu'elle avait à dire et je n'ai pas à dire un mot de plus que ça. Merci... au revoir. C'est lamentable, c'est nul » (disant ces mots, l'ambassadeur se lève et quitte la salle).

Quels enseignements en tirer ?

À la différence de la radio et de la télévision, la presse écrite suppose par nature un deuxième temps qui n'appartient qu'au journaliste, celui de l'écriture : il n'y a pas de direct. Cette mise à distance est bien une médiation qui peut favoriser les mises en perspective et la réflexion comme une certaine mise en scène, par la mise en pages, le choix des titres et de ce qui sera finalement retenu. De plus en plus souvent aujourd'hui, les sollicitations peuvent être multiples. Le journaliste de la presse écrite peut demander d'enregistrer la conversation, à seule fin de l'avoir en archives et de pouvoir mieux travailler dessus, mais aussi comme preuve. Le développement du Web incite aussi l'interviewer à vous demander de brancher une caméra. L'interview destinée à la presse écrite devient vidéo et change de nature. Des extraits pourront désormais se trouver sur le Web ou sur les chaînes de télévision.

Dans le cas présent, les images sont rediffusées dans les heures qui suivent sur Facebook qui joue un rôle crucial dans la mobilisation populaire de cette révolution. Les extraits où l'on voit l'ambassadeur mal réagir aux questions sont repris sur les chaînes de télévision en Tunisie et en France ; les passages plus en faveur de l'ambassadeur ne sont pas repris dans les vidéos diffusées.

L'attitude de Boris Boillon est aussitôt perçue comme arrogante par nombre de Tunisiens. Elle suscite en réaction une manifestation de plusieurs milliers de personnes devant l'ambassade de France. On voit écrit sur des pancartes : « On ne traite pas nos journalistes de : "débiles", "lamentables" ou encore "de nuls" » ! ou encore « Le débile, c'est toi. »

L'ambassadeur de France est contraint de s'excuser à la télévision tunisienne « auprès des "journalistes et des Tunisiens". Dorénavant, je parlerai de manière plus polie », dit-il.

Il est facile de critiquer une interview où un personnage public a dérapé. Sans porter de jugement de valeur, l'enjeu de cet exemple est de rappeler qu'une situation médiatique est toujours susceptible d'ajouter de la pression à de la pression. Accepter qu'un rendez-vous presse soit filmé incite à redoubler de vigilance car l'impact des images peut être redoutable. Or, ici, il y a un paradoxe entre ce déjeuner avec les journalistes, dont l'objectif est manifestement de favoriser des liens de proximité entre le nouvel ambassadeur et les médias et la présence d'une caméra qui devrait obliger, par nature, à rester sur le qui-vive. En de telles situations, il est préférable de choisir son objectif clairement. S'il s'agit de renforcer la cordialité de l'échange, mieux vaut ne pas autoriser la présence d'une caméra ou alors permettre que soit filmé un temps circonscrit de l'échange, quelques minutes pendant lesquelles l'interviewé peut se concentrer sur les règles du jeu qu'impose la vidéo. Plus on est filmé longtemps, plus on risque de laisser échapper des moments hors contrôle.

Toute rencontre avec la presse demande par conséquent une préparation minutieuse[1].

Baliser la préparation d'une interview en six points

1. *Le ou les messages essentiels.* Savoir ce que l'on veut dire ou défendre et quels sont les un, deux ou trois messages essentiels que l'on voudra faire passer. Compte tenu des contraintes de temps et d'espace des médias, il est souvent préférable de se concentrer sur un unique message essentiel. Cet objectif comporte un paradoxe : jouer le jeu des questions et y répondre. En l'occurrence, l'ambassadeur semblait avoir prévu ses réponses pour les questions concernant son ministre, « Mme Alliot-Marie a elle-même dit ce qu'elle avait à dire », mais il perd ensuite son sang-froid : « C'est lamentable... C'est nul. »

2. *Connaître le statut de la conversation.* Le journaliste souhaite-t-il me citer ou non ? Si le journaliste ne souhaite pas citer le propos ou si l'interviewé ne souhaite pas être cité, il s'agit de propos *off* et cela doit être explicite. Dans le cas présent, l'ambassadeur aurait pu placer le moment du déjeuner dans le cadre du *off*, pour faire connaissance librement avec les journalistes tunisiens et ensuite, seulement, se livrer à l'exercice de l'interview. Véronique Soulé, journaliste à *Libération*, relate ainsi le contrat qu'elle passe avec son interviewé : « Il y a un contrat de confiance au départ. J'assure qu'il y aura un respect du *off*. Pour le journaliste, il faut être ultra-réglo. Pour le *off*, sur mon cahier, je mets entre parenthèses, je le sais quand je relirai. »

De façon générale, si le journaliste souhaite me citer, pour la presse écrite et pour des sujets délicats, il peut être utile de s'accorder explicitement sur la citation soit au moment de l'interview, soit au moment où le journaliste aura écrit son article. C'est un contrat à passer qui limite beaucoup la marge de manœuvre et l'autonomie du journaliste et dont il ne faut pas abuser. Pour une interview longue, il peut être utile aussi de relire. Là aussi, c'est un contrat

1. Ce chapitre a été nourri des remarques et expériences de Véronique Soulé, journaliste à *Libération*, et de Guillaume Perrault, journaliste au *Figaro* ; qu'ils en soient chaleureusement remerciés.

dont il faut convenir explicitement. On peut contrôler une interview et il y a droit de l'interviewé à relire le papier, car on est responsable de ses propos, mais le journaliste peut le ressentir comme un empiètement sur son rôle.

En cas de litige, les délais de prescription sont très courts pour un droit de réponse. Le courrier de réclamation doit être adressé au directeur de la publication et non au directeur de la rédaction, car dans ce cas, légalement, cela ne serait pas recevable. Certains ne souhaitent pas user d'un droit de réponse. Ce qui compte, c'est la visibilité, quitte à ce qu'il y ait des approximations... Le bruit compte parfois plus que le contenu. Pour un portrait ou des commentaires, le journaliste dispose de toute la latitude ; il s'agit de sa plume et de son analyse. Mieux vaut prévenir que guérir. Préparer une interview, c'est avoir conscience qu'une partie du propos pourra être isolée du reste. Le journaliste rigoureux veillera à respecter le contexte. L'interviewé doit garder à l'esprit la contrainte de l'espace ou du temps que subit le journaliste. Les phrases peuvent être fragmentées par nécessité : pour un reportage d'une minute trente à la télévision, la citation que l'on gardera de vous sera sans doute de 10 ou 15 secondes. D'où l'importance de ciseler ses formules, d'être concret et de garder à l'esprit qu'elles peuvent, sans esprit de malveillance de la part du journaliste, être isolées du reste du discours.

3. *Adapter le registre de son propos au média et à son public*. Pour avoir toutes les chances de voir son propos repris, il est utile d'avoir à l'esprit ce qu'attend un chef de rédaction, c'est-à-dire un propos clair, précis et intéressant, plaisant à lire ou à entendre. Les anecdotes et les histoires à raconter sont souvent très efficaces. Si un journaliste ou un chef de rédaction peut avoir ses attentes en termes de contenu, il existe un espace de dialogue entre le journaliste et l'interviewé, où l'interviewé peut convaincre l'interviewer. Cet espace se joue au moment même de l'interview mais aussi, en dehors de son champ strict, dans le *off the record*. La difficulté dans ce déjeuner presse est que l'ambassadeur utilise des mots très directs et familiers alors même qu'il est en situation d'interview. Un cadre *off*, moins tendu, l'aurait sans doute incité à être plus nuancé et lui aurait cependant permis de faire passer le message : « Je ne veux pas parler du passé. » C'est de façon stratégique dans l'espace du *off* que l'interviewé pourra en effet amener le journaliste à certains commentaires ou certaines mises en perspective. Ce qui est dit en dehors de l'interview peut être décisif et conduire le journaliste à privilégier tel ou tel angle d'attaque, à faire tel ou tel commentaire pour introduire son reportage.

Ainsi, l'interviewé doit préparer à la fois :

- ce qu'il dira lors de l'enregistrement de l'interview, les formules concises qui auront toutes les chances d'être reprises, les faits ou chiffres, anecdotes ou histoires qui auront valeur de preuve ;
- ce qui ne sera pas repris directement mais sera susceptible de nourrir indirectement la compréhension qu'aura le journaliste du sujet.

4. *Connaître les délais du journaliste.* De façon globale et au-delà de cet exemple, si l'interviewé peut se ressentir en situation de stress, c'est aussi le cas du journaliste. Sa plus forte contrainte est souvent celle des délais. Il est utile de les demander d'emblée au journaliste. Publie-t-il pour un quotidien avec besoin d'une actu à chaud, ou pour un hebdomadaire, un mensuel ? Pour les quotidiens du matin de la presse écrite, le journaliste vit le plus souvent au jour le jour. Avant 12 heures, il ne sait pas ce qu'il va faire. Il appelle ses interlocuteurs vers 12 h-13 h. Alors il les presse, car « c'est urgent ». Dans une radio, il n'est pas rare que le journaliste doive avoir tourné et monté son sujet en deux heures ; pour une télé, c'est souvent une question d'heures, un montage pour le jour même, ou au mieux pour le lendemain. Dans l'audiovisuel, la contrainte du temps est souvent telle que les journalistes sont équipés de mini-chaînes de montage portatives.

Cette contrainte temps provoque aisément un stress énorme du journaliste. Le stress perceptible chez lui n'est pas forcément de l'animosité à l'égard de l'interviewé.

La contrainte du temps vue par deux journalistes

Véronique Soulé et Guillaume Perrault nous exposent la nécessité pour eux de prendre en compte le facteur temps lors de la remise de leurs articles.

« À une manif de 100 000 personnes, à un moment il faut bien s'arrêter d'être avec les manifestants car il faut que ça paraisse le lendemain ; être à la manif de 13 heures à 15 heures même si elle dure jusque 20 heures, car à cette heure-là le papier devra être rendu » (Véronique Soulé).

« La qualité principale d'un journaliste est de rendre son papier ou son reportage dans les temps. C'est le bouclage, le moment où l'on doit rendre l'article pour relecture et impression. Aussitôt après, dans la nuit, les avions décollent, car les imprimés doivent être partout le lendemain dès 5 heures. » (Guillaume Perrault).

5. *Connaître l'état d'esprit du journaliste et l'objectif de la rédaction sur le sujet.* Il faut le savoir pour mieux y répondre ou pour mieux apporter la contre-argumentation et pour éviter d'être instrumentalisé. Dans l'interview de l'ambassadeur de France, le contexte lui est défavorable ; il y a un passif. De plus, la révolution tunisienne crée un climat de pression pour les journalistes eux-mêmes qui devront rendre compte de cet échange auprès de lecteurs ou de téléspectateurs sans aucun doute très sensibles au sujet. De façon générale cependant, le journaliste doit répondre à une commande de sa rédaction ou traiter un sujet qu'il a lui-même proposé. Ce qui ne l'empêche pas d'être ouvert dans la façon de traiter la question.

6. *Accepter de ne pas tout contrôler.* Accepter une interview d'un journaliste est accepter qu'il joue son rôle pleinement. Or, un réflexe de peur peut entraîner une volonté de contrôle et de la méfiance. Pas plus qu'un autre professionnel, le journaliste n'aime qu'on lui donne des leçons sur la manière dont il devrait faire. Ici, les dérapages de l'ambassadeur, outre la vigueur des propos, sont dus à ce qu'il entend donner des leçons à ceux qui le questionnent : « N'essayez pas de me faire tomber sur des trucs débiles » ou encore, « franchement, franchement, vous croyez que j'ai ce niveau-là », ce qui suggère bien peu de considération pour la question du journaliste.

Cette attitude de défiance de l'interviewé vis-à-vis de l'interviewer peut conduire à bien des incompréhensions. Dans un tout autre contexte, Véronique Soulé fait ce constat à propos de certains universitaires : « Des universitaires, lors de la crise sur les universités, disaient : "Avant que votre papier paraisse, est-ce que je pourrai le relire ?" Ils sont habitués à ce rapport d'autorité avec leurs élèves... Les universitaires et les chercheurs ont été assez désagréables avec la presse. Ils sont professeurs. Ce sont eux qui d'habitude maîtrisent et dispensent... Là ils sont dans une situation où ils n'ont pas le contrôle. Ils auraient voulu que l'on donne leur papier. Les gens veulent que l'on explique comme eux ils expliqueraient. Ils voudraient aussi se servir de nous. À un moment, les universitaires ont même boycotté *Le Monde*, parce que *Le Monde* avait une position plutôt hostile aux enseignants chercheurs. Ils voudraient que l'on soit leur porte-voix... »

Les gens ont peur de voir leur propos déformé. C'est une peur légitime. Car on va faire un choix dans leur propos. Ils peuvent répéter dix fois la même chose. Mais si le journaliste interroge 10 personnes, ce peut être une autre phrase qui l'intéressera.

Veux-tu Brassens ou veux-tu fabriquer Brassens ?

Quand le célèbre chanteur donne une leçon à son interviewer...

« **Interviewer :** Tu as travaillé la versification ?

Georges Brassens : La plupart de ceux qui écrivent des chansons n'ont pas étudié la versification. On est fait pour écrire des chansons ou on n'est pas fait pour ça. Si l'on est fait pour ça on n'a pas tellement besoin d'apprendre les règles.

Toi, tu les as apprises ?

Oui, plus tard, parce que je raffinais un peu, mais...

Tu en as conservé de tes premières chansons ?

Non. On peut écrire des chansons sans... Tu ne m'écoutes pas ?

Non, c'est parce que...

Tu suis ta pensée, je sens ça. Tu viens ici avec des idées préconçues et tu veux toujours suivre ton chemin, pas le mien. Quand j'avance quelque part sur une idée, il faut me laisser partir et tu m'arrêtes. Là, j'aurais pu dire les choses mieux, mais il faut le temps pour que ça vienne.

On y reviendra.

Il ne faut même pas dire que l'on y reviendra, il faut que l'on continue de parler sans que tu t'occupes des questions que tu as préparées ou que toi tu veux suivre. Veux-tu Brassens ou veux-tu fabriquer Brassens ? Si tu suis ton idée, tu perds ce que moi, en suivant ce qui me venait, j'allais te dire...

Les spécialistes n'ont pas su m'ouvrir à tes musiques, ni même tellement à tes textes.

Parce que toi, tu ne t'ouvres que si tu veux. Depuis que tu me questionnes, je le vois bien. Quand je t'explique quelque chose qui ne coïncide pas avec ce que tu voulais que je te dise, tu détournes la conversation.

Moins maintenant, après trois jours d'écoute ?

"D'écoute" si l'on veut. Non, tu attends, tu attends, et quand ça coïncide avec ce que tu attends, pof, ça fait tilt, tu me regardes d'une façon vivante, tu es ouvert. Mais quand ça ne coïncide pas, je vois ton visage sans vie ; je te surveille, tu sais, j'en apprends beaucoup sur toi en observant ton comportement d'interviewer. Tu arrives ici avec un Brassens entièrement préfabriqué dans ta petite tête et tu veux me faire entrer là-dedans. La seule chose qui t'intéresse, c'est de me faire dire ce que, d'après toi, Brassens doit dire, ce que Brassens doit être. Tu pourrais avoir le vrai Brassens, et en tout cas un Brassens inattendu. Mais tu t'es préparé au Brassens que tu veux. On attend toujours les êtres comme on les veut, on n'est pas prêt à la surprise[1]. »

1. *Toute une vie pour la chanson*, André Sève interroge Georges Brassens, Le Centurion, 1975.

Parler à la radio, passer à la télé, vivre avec le Web

La radio comme la télévision sont des médias qui peuvent toucher au même moment des auditeurs ou téléspectateurs par millions. Pour autant, la radio est le plus souvent un média d'accompagnement pour l'auditeur ; elle ne requiert que l'ouïe et laisse souvent plus de temps à la discussion. En comparaison, la télé apparaît comme un média total qui mobilise à la fois la vue et l'ouïe et exige une parole brève et simple.

Radio et télévision : la prise de parole comme un art martial

Pour illustrer les exigences de la radio et de la télévision, qui demandent à la fois une parole simple, une pleine maîtrise de soi et un sens du spectacle, les exemples sont innombrables. Voici le cas[1] d'une interview sauvage tentée par la journaliste Élise Lucet (France Télévisions) auprès du président de Huawei[2] France, François Quentin[3].

La journaliste fait irruption à l'issue d'une réunion et, suivie par ses cameramen qui ne manquent pas une seconde de la scène, demande une interview :

« Bonjour Monsieur Quentin, c'est Élise Lucet de France 2. Je suis désolée de vous déranger dans ce genre de circonstances. Je voulais vous parler de choses vraiment très importantes.

1. Cet exemple est choisi sur une idée de David Jacquin. Qu'il en soit ici remercié.
2. Troisième constructeur mondial de téléphonie mobile.
3. Émission « Cash Investigation », diffusée le 4 novembre 2014 sur France 2 (on pourra également regarder avec grand intérêt le « Cash Investigation » du 3 mars 2015 : « Quand les actionnaires s'en prennent à nos emplois » qui évoque les cas de Blackrock, Sanofi, Pages jaunes, Bain Capital).

– Oui.

– ... Et assez graves que l'on a découvertes en tournant dans une usine en Chine qui est l'usine LCE à Nanchang[1] qui fabrique les écrans de vos téléphones portables et on y a découvert des dizaines d'enfants qui fabriquaient les écrans de vos téléphones portables. On voulait vous poser la question : d'abord, est-ce que vous êtes au courant de cet...

– Non, pas du tout, je ne peux rien vous dire.

– Alors, je vous montre ce que l'on a tourné là-bas. On a tourné notamment cette jeune fille qui s'appelle (montrant une photo)...

– (l'interrompant) Au fait, Madame, vous avez une pièce d'identité ?

– ... Élise Lucet de France 2.

– Vous avez une carte de presse ? Montrez-la-moi.

– Je l'ai. Je vous montre cette jeune femme. Elle a 13 ans. Enfin, ce n'est tout de même pas une jeune femme...

– ...Vous l'avez trouvé sur Internet.

– Non, pas du tout. On a tourné. On a réussi à tourner et à entrer dans cette usine. Elle a 13 ans. Elle travaille vingt-huit jours sur trente...

– Oui, mais je comprends très bien...

– ... Elle gagne 160 euros, elle travaille treize heures par jour. Donc, je voulais savoir... pour fabriquer les écrans de vos téléphones portables... Je voulais savoir ce que vous pensiez de cette situation.

– Rien, parce que je ne sais pas de quoi vous parlez !

– Bah, je vous en parle là à l'instant...

– ...Rien Madame. »

Une responsable de la communication tentant de s'interposer :

« C'est une réunion privée. Vous n'avez pas été invitée ! »

Élise Lucet :

« Il y a des enfants... »

---

1. Il s'agit d'un sous-traitant qui fournit des pièces à Huawei notamment.

La responsable de communication au PDG de Huawei qui se dirige vers la sortie de la salle :

« Je suis désolée président », dit-elle tout en retenant la journaliste par le bras pendant que François Quentin tente de s'éloigner.

Élise Lucet (à la responsable de communication) :

« Mais attendez, vous n'avez pas le droit de me retenir. »

(à François Quentin qui s'éloigne) :

« On a essayé d'avoir rendez-vous avec vous à plusieurs reprises de façon normale et ce n'est pas possible, ce sont des sujets... »

Le président de Huawei se retournant vers la journaliste qui le suit dans la cage d'escalier :

« Je ne suis pas, Madame, au courant, donc je ne peux pas commenter ! Vos photos, je les trouve sur Internet ! »

Élise Lucet insiste et montre toujours la photo de la jeune fille :

« Qu'est-ce que vous en pensez ?

– Rien, Madame.

– Les enfants, on les a filmés, on est journalistes...

– Je vous construis ce document, Madame, en cinq minutes sur Internet !... Je ne sais pas du tout qui vous êtes !

– Je suis Élise Lucet, France 2, de l'émission...

– ... Non, vous me le dites, mais je veux voir une carte de presse. Vous me la montrez...

– Écoutez, Monsieur, si vous nous accordez une interview en bonne et due forme, ce que l'on vous demande depuis des semaines, je vous la montrerai avec grand plaisir... »

Le PDG, descendant les marches :

« Prenez contact avec ma direction de la communication.

– C'est déjà fait, c'est déjà fait ! »

La responsable de la communication qui tente de masquer la caméra avec les mains :

« C'est une réunion privée ! »

Élise Lucet montrant un smartphone au PDG :

« ... Je vous montre simplement. Ils travaillent sur la fabrication de ce téléphone qui est votre téléphone. Ça ne vous choque pas plus que ça ?

– Je n'ai pas de commentaire...

– Je vous montre... »

Le PDG, parvenu dans le hall d'entrée, se dirige résolument vers la sortie et s'adressant à une autre personne :

« Je vais y aller, vous avez une voiture ?...

– Oui

– Alors, je prends votre voiture » (quittant l'hôtel particulier où se déroulait la réunion et s'engouffrant dans une voiture aux vitres teintées).

Élise Lucet : « Ce sont des sujets suffisamment graves pour que l'on en parle dans une interview en bonne et due forme. » Le PDG ferme la porte de la voiture, fin de la séquence.

Après la diffusion de l'émission, le PDG a surenchéri lors d'une manifestation organisée par *L'Usine nouvelle* : « J'ai activé tous mes réseaux et Mme Lucet n'aura plus aucun grand patron en interview, sauf ceux qui veulent des sensations extrêmes ou des cours de media training. »

Quels enseignements en tirer ?

Bien connaître le contexte dans lequel on intervient. Ici, le PDG de Huawei a d'une certaine façon raison de refuser de répondre. Ce n'est ni le cadre ni le moment convenu pour une interview. Comme il n'a pas donné son accord, c'est hors contrat. Ce en quoi il réagit malencontreusement et se laisse sans doute acculer par le stress de la situation, c'est de refuser de donner un oui de principe à une interview sur le travail des enfants, sujet grave comme le rappelle la journaliste et sur lequel les téléspectateurs ne pourront comprendre un manque de transparence. Il se contente de lâcher, non sans une certaine forme de suffisance : « Prenez contact avec ma direction de la communication. »

De plus, tout dans son attitude, le refus de répondre sur le fond, un langage non verbal totalement sur la défensive jusqu'à la fuite dans la voiture aux vitres teintées envoie un message de culpabilité. La menace dont il assortit la journaliste après la diffusion du passage va dans le même sens[1].

Ce cas est radical mais néanmoins susceptible de se produire de plus en plus souvent, avec la multiplication des médias et l'exigence de davantage de transparence concernant les affaires publiques. Au-delà de ce cas d'école d'interview sauvage, il importe toujours de s'interroger sur l'émission dans laquelle on est invité.

Quel est le public visé ? Comment puis-je adapter mon message pour le rendre audible et compréhensible par l'auditoire ?

Quel est le style de l'émission ? Un débat, du divertissement ? Y aller suppose que l'on a envie et que l'on est prêt à se couler dans le registre de l'émission.

Quelle est la personnalité de l'animateur ? Quels sont ses objectifs ?

Est-ce du direct, de l'enregistré ou du semi-direct ?

Le direct suppose un passage sans filet mais aussi sans risque de coupe *a posteriori*. Si l'émission est enregistrée, il est utile de se renseigner sur les règles du futur montage. Combien de temps d'émission enregistrée pour combien de temps dans le montage final ? Si l'écart est important, le risque de coupe et d'instrumentalisation de ma participation à l'émission s'accroît.

Le semi-direct s'approche des conditions du direct et correspond souvent à une diffusion en différé.

Connaître le cœur de son message. Être conscient du ou des deux ou trois messages essentiels que l'on veut faire passer. On dispose de peu de temps et de peu d'attention de l'auditeur ou téléspectateur. Ici, Le PDG aurait dû réagir avec comme axe que son message était la volonté de transparence et de vigilance aux conditions de travail y compris de la sous-traitance. Il aurait suffi de donner son accord de principe à l'interview. Le délai entre le moment présent et la date retenue pour celle-ci lui aurait laissé le temps ainsi qu'à ses

---

1. Quelques jours plus tard François Quentin a écrit avoir été « *déstabilisé* » par l'arrivée surprise d'Élise Lucet lors d'un déjeuner refusant ainsi de répondre à ses questions. Il a également assuré *« respecter le travail journalistique de cette équipe »*, avant d'affirmer *« regretter sincèrement ces propos mal exprimés ».*

équipes de consolider sa réponse avec des éléments à l'appui.

Veiller scrupuleusement au non-verbal. Il est décisif *(cf. « Faire parler le non-verbal », p. 38)*. Ici, le PDG perd sur le non-verbal. Imaginons que l'interview ait eu lieu sans la présence des caméras, l'impact en aurait été beaucoup moins puissant et l'incongruence du comportement de l'interviewé n'aurait pas sauté aux yeux. À la télévision, un bon monteur est très attentif aux signes que l'on donne lorsque l'on ne parle pas. Ils lui permettent de réaliser des plans de coupe, c'est-à-dire de montrer des images autres pendant qu'une personne intervient, ce qui permet de rythmer l'émission et de la rendre plus vivante : comment réagissent les autres intervenants pendant ce temps ?

Aussi, la tenue vestimentaire et le comportement que l'on adopte pendant une émission sont stratégiques. L'écoute active permet de faire passer des messages : est-on d'accord avec ce qui est dit ? Est-on révolté ?

Rester zen. La critique est facile, l'art est difficile. Aux faits mis en avant par les journalistes, il faut savoir en opposer d'autres. Au rythme imposé, il faut en opposer un autre. À la pression, il faut répondre par le calme et la maîtrise de soi. Dans la boîte à outils de l'interviewé, il y a par exemple les longs et utiles silences pour attendre que les questions en rafale cessent, la capacité à fendre l'armure, à reprendre et à analyser.

Cependant, il est tout à fait possible d'être dans la décontraction alors que la situation est difficile, de ne pas prendre la mouche, tout en étant centré sur le sujet, même face à un journaliste qui pousse parfois effrontément l'interviewé dans ses retranchements. Il est possible d'être habile, de manier l'humour, de prendre appui sur l'autre pour rebondir, bref de trouver sa place face aux médias sans perdre de vue son objectif.

Il y a toujours le risque d'un jeu de dupe dans l'interview. L'interviewé peut vouloir placer ses messages essentiels au risque de ne pas jouer le jeu des questions. L'interviewer peut s'en tenir à ses idées *a priori* sur le sujet et ne pas accepter le jeu des réponses, comme le souligne Brassens *(cf. encadré p. 208)*. C'est aussi dans l'instant et dans la qualité de l'échange que se joue l'interview. L'exigence déontologique d'un interviewer fait aussi sa qualité. Une bonne interview sort des rails préétablis par l'un et l'autre et se construit aussi dans le moment même où elle se produit ; la plupart du temps, elle demande du temps et de l'écoute réciproque. Dans le cas présent, sa qualité résulte paradoxalement de son caractère offensif : l'interviewer vient comme au combat et en faisant figure de justicier.

Tirer parti de la durée de l'émission. Une intervention de quelques minutes suppose de cadrer très précisément ce que l'on veut dire et de sélectionner le fait ou l'anecdote qui auront une chance d'être retenus. Une émission longue de 1 h 30 ou de 2 heures sur le plateau est une course de fond. Il faut tenir jusqu'au bout et avec toute son énergie, car les derniers moments seront aussi décisifs *(cf. « Préparer la première et la dernière impression », p. 113)*.

Distinguer la radio de la télé. La télévision est un média extrêmement exigeant, souvent très rapide et visuel. Il faut dire l'essentiel d'abord et en peu de mots. Le non-verbal, la tenue, le sourire, le regard, la façon d'être sont à préparer aussi soigneusement que le texte.

Même si cela dépend des émissions et des chaînes, la radio est en général un média qui laisse plus de temps à la parole : il faut en profiter ! La voix est primordiale. Il faut à la fois veiller à bien articuler, mais au-delà à mettre du soleil dans sa voix, des harmoniques, à la rendre chaleureuse *(cf. « Trouver sa voix et passer la rampe », p. 56)*. Les silences sont utiles pour faire passer la qualité d'une émotion ou de son écoute.

Que ce soit à la télévision ou à la radio :

- savoir pourquoi on y va ;
- savoir ce que l'on veut y dire ;
- savoir le dire en peu de mots.

« La télé, une école de la concision »

Catherine Malaval, ancienne productrice d'émissions télévisées, nous livre ses conseils : « Quand on doit s'exprimer en 30 secondes ou une minute, le message doit aller droit au but. La télé est une école de la concision. C'est aussi la pyramide inversée : le plus important d'abord. C'est le contraire de la rhétorique classique et de la construction universitaire : on commence par dire l'essentiel et la conclusion. Cela demande une conversion mentale. Dans un panier, on met les plus belles cerises dessus. Pareil à la télé, car on n'a pas le temps de s'installer. Les gens décrochent vite, il faut les capter et les capter sans cesse, renouveler l'intérêt constamment. Dans une conversation courante, le cours est beaucoup plus libre, on peut évaluer la situation à l'aune de l'interlocuteur, et demande en général une expression corporelle plus sobre. »

Le Web, une révolution des codes ?

Mc Luhan avait eu une intuition géniale en écrivant, alors que la télévision commençait à peine à se propager dans les foyers américains et canadiens : « Le message, c'est le médium[1]. »

Il entendait par là que le vecteur par lequel on s'exprime constitue déjà en soi le message. Le médium constitue également le public auquel on s'adresse. Le public lui-même est conditionné par le médium dont il fait usage. C'est ainsi que l'on peut comprendre le rouleau compresseur du Web.

Le Web a opéré sept révolutions dans le monde des médias :

1. à la différence de la télévision, le Web n'est pas élitiste. Le tout-venant peut contribuer avec des moyens simples et peu coûteux ;

2. l'émetteur diffuse ses propres codes, notamment vestimentaires. Les codes se renouvellent et sont plus volatiles. À la télévision qui privilégie souvent les « hommes-troncs », le Web substitue une nouvelle approche postmoderne et désacralisée. Les participants, lorsqu'ils sont filmés, le sont souvent en pied. Rien n'échappe à la caméra, jusqu'au-dessous de semelle de la chaussure. La veste et la cravate sont plus facilement écartées qu'à la télévision au profit de tenues plus accessibles. Le grand pionnier Steve Jobs fait ses présentations en jean à coupe classique et en sous-pull. Des blogueurs apparaissent dans leur tenue du quotidien ;

1. McLuhan, *Understanding Media : The Extension of Man*, MIT, 1964. « En réalité et en pratique, le vrai message, c'est le médium lui-même, c'est-à-dire, tout simplement, que les effets d'un médium sur l'individu ou sur la société dépendent du changement d'échelle que produit chaque nouvelle technologie, chaque prolongement de nous-mêmes, dans notre vie. »

3. le Web se joue de l'éphémère et garde la mémoire. Une contribution peut rester accessible plusieurs années et connaître non seulement une audience coup de poing, au moment de la publication, mais aussi de durée ;

4. le Web peut toucher des publics plus nombreux encore que la télévision. En 2015, après son discours sur l'état de l'Union, Obama choisit d'être interviewé par les trois jeunes bloggeurs américains les plus fameux du moment. Ces derniers engrangent plusieurs dizaines de millions de vues sur certaines vidéos et sont susceptibles de permettre au président américain de toucher jusqu'à cent millions d'internautes en quelques minutes, grâce à ce coup de communication ;

5. le Web raccourcit la durée. Les contributions vidéo les plus courtes et ne dépassant pas quelques minutes sont souvent les plus efficaces. Plus le temps d'une contribution est long, plus le risque qu'elle ne soit pas vue dans sa totalité s'accroît ;

6. le Web ne fait pas de cadeau : corollaire de la durée sans s'y réduire cependant, le rythme d'une vidéo ou d'un support multimédia y est devenu un facteur clé de succès. Quelques secondes de trop sur une séquence, un sentiment de longueur pour l'internaute et c'est le zapping ;

7. le Web peut à la fois être un média massif et favoriser la segmentation des publics regroupés en communautés d'usage.

L'épopée des YouTubers Norman et Cyprien

Ils ont moins de 30 ans. Humoristes et réalisateurs, ces deux jeunes Français crèvent l'audimat avec plusieurs millions d'abonnés sur YouTube. Leur secret : du talent, des vidéos minutieusement préparées et une exigence sans concession sur le rythme. Norman, qui a pu recueillir jusqu'à 30 millions de vues sur une seule vidéo, s'est spécialisé dans un format relativement court d'environ quatre minutes. Le succès tient aussi au rythme endiablé des séquences qui composent la vidéo, variant de trois à quinze secondes et d'une durée moyenne de sept !

La conférence TEDx[1] : savoir communiquer ou ne pas être

Les conférences TEDx visent à favoriser l'échange d'idées en organisant des conférences diffusées par des vidéos sur format court et en rassemblant une communauté de passionnés à travers le monde. Pour gagner le droit de présenter son idée, il faut d'abord décrire son sujet en cinquante mots maximum. Si le sujet est retenu, il faut encore passer une audition de trois minutes devant le comité de sélection. Parmi les conseils donnés aux candidats : préparer, être soi-même, transmettre une passion, respecter le temps alloué et... faire ressortir un message (et un seul).

La conférence web : de la radio et du design !

Les conférences professionnelles sur le Web se multiplient. Les participants se réunissent à une heure donnée et communiquent via leur ordinateur. De telles réunions à distance associent souvent une présence vocale à un support visuel travaillé graphiquement et rythmiquement. Le support se prépare avec l'exigence d'un message concis à transmettre, avec les deux éléments structurants déjà rencontrés à l'écrit, l'argument ou l'histoire racontée qui prend elle-même force de preuve. L'émetteur doit échauffer sa voix avec les mêmes exigences que pour la radio. Elle va catalyser l'essentiel de la présence auprès des autres participants.

1. Les conférences TED (*Technology, Entertainment and Design*) sont une série internationale de conférences organisées par la fondation à but non lucratif Sapling Foundation. Cette fondation a été créée pour diffuser des « idées qui valent la peine d'être diffusées » (en anglais : *ideas worth spreading*).

Paroles de Ali Baddou

Ali Baddou est animateur de radio et de télévision. Après avoir présenté l'émission des « Matins de France Culture » pendant trois ans, il est devenu chroniqueur au « Grand journal » pendant quatre ans avant d'être présentateur de « La nouvelle édition », à la mi-journée. Il enseigne également la philosophie à Sciences Po.
Assis face à face de part et d'autre d'une table noire. Journaliste de radio et de télévision, Ali Baddou se présente comme un autodidacte de la profession. Ses analyses auront de quoi aider celui qui doit affronter pour la première fois un passage à la radio ou à la télévision.

Avez-vous travaillé la voix ?

Pas spécifiquement. Je veille à ce que la voix soit bien placée. Le plus difficile à la radio est de retrouver son naturel. Les premières fois, tu parles souvent faux, tu t'essouffles, tu as du mal à retrouver ton rythme. On dit pour la presse écrite : « Le plus important, c'est d'inventer sa phrase... » Je crois qu'à la radio, le plus important, c'est d'inventer son rythme... C'est comme du jogging. Au début, on tient 10 minutes. Puis on trouve la condition physique, son rythme. Avec de l'expérience et du temps, on peut courir 1 h/1 h 30.

Avez-vous travaillé la respiration ?

Oui, en répétant les lancements. Au début, passé vingt secondes de temps de parole, j'étais essoufflé. J'ai pris du temps chez moi. Je répétais les textes, je les enregistrais et les écoutais. J'étais attentif à ce qui déconnait. Quand je parlais trop vite... lorsque j'avais des appels de salive... Je travaillais les pauses. À l'école de journalisme, on le fait. Je ne suis pas passé par une école de journalisme. Je l'ai fait par moi-même.

Y a-t-il pour vous différentes prises de parole ?

Clairement deux. Assis ou debout.
Assis c'est difficile. À la radio, on est assis. Il faut veiller à se tenir droit, à ne pas rentrer les épaules. Pour avoir plus de souffle. Il ne faut pas avoir peur de respirer.
Debout, c'est différent. Avant de penser au haut du corps, il faut sentir la plante des pieds sur le sol. La prise de parole debout, ça

part des pieds. J'ai pris conscience de cela aux États-Unis. J'étais à un mariage. Je devais prendre la parole. Je ne savais pas trop comment m'y prendre. Tous ceux qui prenaient la parole à ce mariage savaient parler et pas moi. Et notamment un pote, un cousin. Je l'ai observé. Il m'a donné ce conseil : « Pense à la plante des pieds... » Les points d'appui, c'est soi.

> « Il faut imaginer à qui l'on a envie de s'adresser. »

Quelle (s) différence (s) entre la télé et la radio ?

À la radio, tu fais des gestes, pour projeter ta voix, insuffler du dynamisme, tu lances un bras en l'air pour faire un signe à la régie. À la télé, pour faire signe à la régie, c'est un clignement de paupière. Si tu fais des moulinés avec tes bras à la télé, tu passes pour un cinglé. La télé a un effet de loupe et demande en général une expression corporelle plus sobre.

Le silence ?

Il y a cette idée reçue à la radio. Il faudrait fuir le silence, les « blancs ». Il est très rare qu'il y ait de vrais moments de silence, sauf dans des témoignages, quand il y a de l'émotion. Face à des témoignages très forts, je ne veux pas relancer l'invité, je ne veux pas être dans la course aux mots. Je pense par exemple au témoignage de Célhia de Lavarenne, une dame qui témoignait de son expérience au sein d'une structure de l'ONU où il s'agissait d'aller récupérer des jeunes filles prostituées enlevées par des soldats, en Sierra Leone. Ou à ce rescapé des camps de concentration où il avait été enfant, au récit de son enfance volée. Dans ces cas-là, je me suis tu... Il y a un autre cas de silence qui me paraît important, c'est au contraire quand l'invité a dit quelque chose de consternant. Je préfère alors le silence pour que l'auditeur entende bien et laisser la responsabilité de ce qui est dit à celui qui l'a dit, ne pas le recouvrir par ma parole.

Le regard ?

Je m'imagine précisément à qui je parle, un lycéen, une dame à la retraite, un quidam... Il faut imaginer à qui l'on a envie de s'adresser. Quand on ne sait plus à qui l'on s'adresse, là commence le problème...

À la télé, sur TF1, sur France 2, c'est différent, c'est un média de masse. Ce quelqu'un doit pouvoir être n'importe qui. On s'adresse au plus petit dénominateur commun.

J'ai la chance de travailler pour des médias d'offre, France Culture et

Canal+. On peut décider à qui on s'adresse, en avoir une idée plus précise et exigeante. C'est un luxe.

À la télé, pour ma première émission de plateau, j'imagine des gens assis autour d'une table, pour un dîner. À cette différence qu'il y a un convive que l'on ne voit pas et qui est derrière sa télé et auquel on s'adresse aussi. Il faut à la fois être très naturel, décontracté et accessible. Avoir toujours en vue la personne derrière son poste pour qu'elle se sente intégrée à la discussion du dîner. Ne pas présupposer que telle ou telle chose est sue…

> « À la télé, pour ma première émission de plateau, j'imagine des gens assis autour d'une table, pour un dîner. »

Quels conseils pour quelqu'un qui passe pour la première fois à la télé ?

Je me souviens de ceux que j'ai reçus pour ma première émission télé, un plateau avec Michel Field. « Sourire régulièrement devant la caméra, être simple dans l'expression. » La télé est un écosystème bizarre. Lorsque l'on y vient pour la première fois, on a tendance à se sentir agressé, en territoire ennemi. La mâchoire se fige, devient dure. Il ne faut pourtant pas percevoir la caméra comme un objet agressif.

Jack Lang a pu dire : je considère la caméra comme un ami…

Je dirais : « Il ne faut pas la voir, ne pas regarder l'objet, mais regarder derrière l'objet : je parle à quelqu'un derrière l'objet… »

L'écoute ?

À la radio, c'est le plus important, ce que l'on met le plus de temps à maîtriser. Pour l'interview, la tentation est de venir avec sa batterie de questions et de les dérouler. La vraie qualité d'un interviewer, c'est d'oublier ses questions, d'installer une vraie conversation.

La langue de bois ?

Les politiques parfois, dont tu connais les réponses. C'est de la pure langue de bois. C'est difficile. Un art de tromper son monde en évitant de répondre aux questions, en manipulant son auditoire. Il y a aussi la langue de bois cool, de celui qui fait mine d'être proche des gens. Cela demande du talent à l'interviewer…

L'essentiel ?

Savoir varier les registres. Être capable de faire sourire comme de susciter une émotion grave. Savoir utiliser tout le nuancier de la prise de parole, quels que soient le format, la palette des intonations. Ne pas hésiter à utiliser le silence.

Le plaisir de la prise de parole ?

C'est une démarche narcissique, égocentrique. Il y a plaisir à convaincre et à capter l'attention de l'auditoire, sinon autant rester en bas de l'estrade...

Est-ce charnel ?

Oui. La télé en particulier, il y a beaucoup de filtres, c'est de plus en plus scénarisé, il y a de plus en plus de langages de nature différente.

La question qui manque...

Pourquoi on se retrouve dans une situation de parole. Quel est mon but, à part faire du bruit ? Exposer ? Mobiliser ? Émouvoir ? Convaincre ? Enseigner ? Il est important de se poser la question du sens.

Propos recueillis par Cyril Delhay

Paroles de Catherine Malaval

Catherine Malaval débute à la télévision où elle devient productrice avant de se consacrer à la formation en France et aux États-Unis. Dans une pièce calme, une grande fenêtre, un tableau contemporain au mur. Des silences pleins pendant l'interview. Un temps pour recevoir minutieusement chaque question et s'y confronter. En réponse, une pensée précise qui prend le temps de s'élaborer.

Comment en êtes-vous-venue à la prise de parole ?

Ce sont les circonstances. J'étais timide. Je travaillais à la télé sur un projet de magazine pour des ados. Je cherchais un présentateur, mais je ne disposais pas d'un salaire suffisant pour lui demander toute l'implication que je souhaitais. Je m'y suis donc mise moi-même. Ce que cette expérience m'a surtout appris, c'est la force de l'automotivation car j'étais seule face à la caméra et pour être convaincante dans ces conditions, il fallait déjà être très convaincue soi-même de son propos. J'ai réalisé l'importance du travail sur l'énergie et la conviction ainsi que la force de la cohérence : plus vous êtes en accord avec ce que vous dites plus vous êtes efficace.

> « À la télé, "le blanc" est souvent très télégénique ! »

Qu'est-ce que l'on apprend quand on débute à la télé ?

À la télé, notamment en direct, il y a un impératif d'efficacité immédiate : le message doit passer tout de suite. La contrepartie, c'est que tout ce travail se fait parfois au détriment de la nuance.

Une des spécificités de la télé, c'est que l'on n'a pas la personne à qui l'on s'adresse en face de soi, on n'a pas le « retour » de l'autre. On ne peut jamais être sûr d'être bien compris, d'où la nécessité d'être très clair dans ses objectifs et très précis dans le vocabulaire que l'on utilise.

Le temps ?

Gérer le temps est évidemment un impératif à la télé où tout est à la seconde près, pub oblige ! Là encore, plus on maîtrise son sujet, plus il est facile d'élaguer ou au contraire de « faire plus long ». Par ailleurs, il s'agit aussi de renouveler constamment l'intérêt (anecdotes, images, utiliser des registres différents, et toujours rester proches des centres d'intérêt de son public) pour éviter que les gens ne « décrochent » vite : il faut les capter et les « recapter » sans cesse.

Faut-il recourir plus à des images et à du concret à la télé ?

Plus on est concret, plus on est efficace et ce n'est pas toujours notre fort en France : aux USA, on dit que pour un concept, un orateur a dix exemples à proposer en illustration alors qu'en France c'est l'inverse : dix concepts et un seul exemple !

Comment regarder une caméra ?

On ne regarde pas une caméra, on regarde la personne à qui l'on parle, qu'elle soit en face de soi physiquement ou derrière la caméra. Pour l'invité, la règle du jeu consiste à s'adresser au journaliste à qui il parle vraiment. Il ne doit donc regarder la caméra que s'il a une raison de s'adresser au téléspectateur directement.

L'autre à la télé ?

En prise de parole en public, le regard compte pour l'autre : il est essentiel à l'efficacité du discours.
La prise de parole est centrée sur l'autre : c'est avant tout une relation. On ne parle pas pour soi, mais pour l'autre. Le public destinataire, c'est lui qui compte : ce qu'il va comprendre et retenir est plus important que ce que l'on dit.
Or, à la télé, il y a un média entre celui qui parle et l'autre.
À la télé le regard de l'autre et son « retour » manquent ; c'est pourquoi, très souvent, on fait appel à des mini-publics présents en plateau ou on développe l'interactivité sous toutes ses formes (téléphone, SMS ou autres...) qui sont autant de moyens de faire exister ceux à qui l'on parle.

Quelle différence entre radio et télé ?

À la télé, le « blanc » est souvent très télégénique ! La caméra surprend quelqu'un qui réfléchit, est pris de court, surpris par une question, ou est ému et cela devient un grand moment de télévision. Le blanc à la télé, c'est de l'émotion, la vérité aussi de la personne, c'est parfois aussi une forme de réponse. Ces « blancs » sont à rapprocher des silences qui sont très importants en prise de parole : ils donnent du rythme et tout son poids à la parole. Ils ont beaucoup d'avantages comme, entre autres, donner à son public le temps d'intégrer ce que l'on dit. Ils laissent aussi un espace pour partager des moments forts qu'ils soient émotion ou rire. Laisser des silences s'installer suppose beaucoup de confiance en soi.

Direct ou enregistré ?

La tension du direct, c'est un stress qui potentialise et conduit à être terriblement à l'écoute !

Pour l'invité, l'avantage de participer à une émission différée, c'est la possibilité de recommencer, mais c'est aussi le risque d'être coupé au montage. Et comme les meilleurs moments gardés le sont du point de vue du journaliste, il y a le risque d'être coupé ou même d'être instrumentalisé.

> « Les gens qui répondent toujours bien et à la seconde courent le risque d'être ennuyeux. »

Quelle place pour l'émotion ?

Une parole trop maîtrisée et sans émotion n'est pas forcément la meilleure prise de parole en public. Les gens qui répondent toujours bien et à la seconde courent le risque d'être ennuyeux.

En France, on considère souvent à tort que pour « faire professionnel » on doit être impersonnel. Or, agir de la sorte, c'est se priver des dimensions essentielles de la communication que sont l'émotion, l'authenticité et la conviction qui font la force d'une prise de parole.

L'émotion n'est pas quelque chose dont il faille se départir : il faut plutôt apprendre à l'utiliser qu'à lutter contre.

Et puis à la télé, ou en prise de parole en général, il y a le moment, la magie de l'instant.

Il est indispensable de se préparer un maximum, mais après il y a la vie, tout ce qui échappe à la technique, et qui rend la prise de parole à la fois si difficile et si exaltante.

Propos recueillis par Cyril Delhay

Les auteurs

Hervé Biju-Duval. Après avoir passé une quinzaine d'années à des postes de responsabilité opérationnelles et fonctionnelles dans de grandes entreprises (pharmacie, nucléaire, distribution...), il préside aujourd'hui le cabinet de conseil et de formation Granit Consultants dont les interventions touchent au management des personnes, des équipes et des organisations. Il anime des séminaires d'entreprise et entraîne également dirigeants et managers lors de séances de coaching et de média-training, dans des environnements culturels variés. Maître de conférences à Sciences Po de 2003 à 2014.

Cyril Delhay. Professeur d'art oratoire en formation continue et en formation initiale à Sciences Po, il y a développé, depuis une quinzaine d'années, un enseignement de la prise de parole en public à partir des techniques corporelles et de la mobilisation physique de l'orateur. Il accompagne pour le développement de leur charisme à l'oral des personnalités politiques, des dirigeants d'entreprises et des managers aussi bien que des lycéens anciennement en rupture avec le système scolaire et menacés d'en sortir sans diplôme. Il est également directeur des formations à l'art oratoire au sein d'un programme Idefi depuis 2011 (Initiatives d'Excellence en Formations Innovantes) piloté par Sciences Po. Il a auparavant été directeur de la communication de Sciences Po et membre de son comité exécutif (mars 2009-octobre 2011). Il a été conseiller spécial de Richard Descoings nommé par le président de la République française pour la médiation nationale sur la réforme du lycée (janvier-juin 2009). Auparavant, il a été responsable des programmes « Égalités des chances et diversité » à Sciences Po depuis leur début en 2001 et pendant dix ans.

Normalien, agrégé d'Histoire, diplômé de Sciences Po, il a associé à une formation universitaire classique, une formation approfondie aux techniques du comédien, du mime Decroux et du masque neutre et a dirigé une compagnie de théâtre itinérant pendant dix ans.

Remerciements

Les auteurs remercient particulièrement :

Ali Baddou, journaliste de radio et de télévision

Christian Boiron, président des laboratoires Boiron, leader mondial de l'homéopathie

Hélène Dupont-Meyrieux, premier violon du Quatuor Annesci

Pierre-Marie Dupuy, professeur de droit international public à l'Institut des hautes études internationales de Genève

Jean-Michel Jarre, auteur-compositeur interprète de musique électronique

Jean-Claude Le Grand, directeur du développement international RH de L'Oréal

Nicolas Le Riche, danseur, Étoile du Ballet de l'Opéra national de Paris de 1993 à 2014, chorégraphe

Gérard Margeon, sommelier, directeur des vins du groupe Ducasse

Mimie Mathy, comédienne et humoriste

Jean-Pierre Mignard, avocat

Guillaume Perrault, journaliste au *Figaro*

François Potier, président de François Potier Conseils SAS, auparavant Senior Vice President RH et membre du Comex de PPR (aujourd'hui Kering), DRH du groupe Mornay...

Anne Roumanoff, humoriste

Alain Souchon, chanteur et compositeur

Véronique Soulé, journaliste à *Libération*

... ainsi que l'équipe de maîtres de conférences de Sciences Po associée à cet enseignement,

Jean-Pierre Arbon, auteur, chanteur et compositeur, il anime des séminaires de management. Diplômé d'HEC, il était auparavant dirigeant d'entreprise et éditeur (directeur général de Flammarion, puis PDG de 0 h. com)

Laurence Daïen-Maestripieri, professeur de chant et chef de chœur ; consultante auprès d'entreprises et de sociétés d'avocats

Julien De Ruyck, humoriste, improvisateur, comédien et présentateur pour MCE Ma Chaîne étudiante

Thomas Hervé, journaliste de télévision et de radio

Chloé Latour, metteur en scène, avocat et pédagogue, elle anime des ateliers de recherche sur le mouvement et les rapports du corps à l'espace

Catherine Malaval, formatrice en prise de parole en public en France et aux États-Unis

Jorge Parente, comédien : étudie et forme depuis une vingtaine d'années sur la voix parlée et chantée

Hervé Pata, professeur de technique vocale, formateur, consultant et conseiller auprès de dirigeants d'entreprise et de responsables politiques

Stanislas Roquette, comédien et directeur d'acteurs

Juan Carlos Tajes, chanteur de tango, comédien, metteur en scène et enseignant de théâtre, d'expression corporelle et d'interprétation de masques

Paul Vialard, chanteur, musicien, compositeur-interprète et consultant en prise de parole en public en France et en Grande-Bretagne, formé au Royal College of Music

... et, bien sûr, tous ceux qui, en formation initiale et continue ont contribué à l'enrichissement de cette pédagogie.

Un grand merci enfin à Bernard Foulon et David Lerozier pour leurs précieux conseils tout au long de l'écriture de ce livre.

Bibliographie

Cette bibliographie indique les ouvrages qui traitent de tel ou tel thème développé dans le livre et dont les auteurs conseillent la lecture. La plupart ont été écrits par des auteurs qui ont consacré leur vie et leur œuvre à leur sujet. Elle ne prétend pas à l'exhaustivité scientifique.

Fondamentaux sur l'engagement physique et la présence scénique de l'acteur et de l'orateur

ASLAN Odette (dir.), *Le Corps en jeu,* Éditions du CNRS, 1994.

ASLAN Odette (dir.), *Le Masque,* Éditions du CNRS, 1999.

DECROUX Étienne, *Paroles sur le mime,* Gallimard, 1963.

FO Dario, *Le Gai Savoir de l'acteur,* L'Arche, 1990.

FRESNEL Elisabeth, *La Voix,* préface de Barbara, Éditions du Rocher, 1996.

JOUVET Louis, *Écoute, mon ami,* Flammarion, 2001.

LECOQ Jacques, (dir.), *Le Théâtre du geste,* Bordas, 1987.

LECOQ Jacques, *Le Corps poétique,* Actes Sud, 1997.

MOCH-BICKERT Éliane, Louis Jouvet *Notes de cours,* Librairie théâtrale, 1989.

MNOUCHKINE Ariane, *L'Art du Présent,* Plon, 2005.

PODALYDÈS Denis, *Voix off,* Mercure de France, 2008

QUINTILIEN, *Institutions oratoires,* XI, trad. Françoise Desbordes, Les Belles Lettres.

RICHARDS Thomas, *Travailler avec Grotowski sur les actions physiques,* Actes Sud, 1995.

STANISLAVSKI Constantin, *La Formation de l'acteur,* Petite Bibliothèque Payot « Voyageurs », 2001

STRASBERG Lee, *Le Travail à l'Actors Studio,* Gallimard, 1969.

Fondamentaux classiques de la rhétorique

ARISTOTE, *La Rhétorique,* trad. M. Dufour, Les Belles Lettres.

CICÉRON, *Brutus,* trad Jules Martha, Les Belles Lettres.

CICÉRON, *De l'orateur,* trad. H. Bornecque, E Courbaud, Les Belles Lettres.

CICÉRON, *L'Orateur*, trad. A. Yon, Les Belles Lettres.

QUINTILIEN, *Les Institutions oratoires* (vol. I à XII), trad. Jean Cousin, Les Belles Lettres.

Prise de parole et société

BARTHES, Roland, *Leçon*, Seuil, 1978

BOURDIEU Pierre, *La Distinction, Critique sociale du Jugement*, Editions de Minuit, 1979.

BOURDIEU Pierre, *Ce que parler veut dire*, Fayard, 1982.

FARGE Arlette, *Essai pour une histoire des voix au dix-huitième siècle*, Bayard, 2009.

FOUCAULT Michel, *L'Ordre du discours*, Gallimard, 1971.

FUMAROLI Marc, *L'Âge de l'éloquence*, Droz, 2002.

GOFFMAN Erving, *La Mise en scène de la vie qutotidienne*, Editions de Minuit, 1973.

GOFFMAN Erving, *Stigmates, les usages sociaux des handicaps*, Editions de Minuit, 1975.

GRACIAN Baltasar, *Art et figures de l'esprit*, Seuil, 1983.

GRACIAN Baltasar, *L'Homme de cour*, préface de Marc Fumaroli, Gallimard, 2011.

PERLEMAN Chaïm et OLBRECHTS-TYCETA Lucie, *Traité de l'argumentation*, Édition de l'Université de Bruxelles, Bruxelles, 2008 (6e édition).

Communication, comportements et PNL (programmation neuro-linguistique)

BANDLER Richard et GRINDER John, *Les Secrets de la communication*, Le jour édition, actualisation 1982.

COLLETT Peter, *The Book of Tells*, Londres, Doubleday, 2003.

DAMASIO Antonio, *L'Erreur de Descartes : la raison des émotions*, Odile Jacob, 1995.

DAMASIO Antonio, *Spinoza avait raison : joie et tristesse, le cerveau des émotions*, Odile Jacob, 2003.

DARWIN Charles, *The Expression of the Emotions in Man and Animals*, Londres, John Murray, 1872.

HARRIS Thomas A., *D'accord avec soi et les autres, guide pratique d'analyse transactionnelle,* Éditeurs EPI, 1973.

JOUBERT Catherine et STERN Sarah, *Déshabillez-moi : psychanalyse des comportements vestimentaires,* Hachette Littératures, 2005.

JUNG C.-G., Types psychologiques, Georg editeur, 1993 (reed.)

Mc LUHAN, *Understanding Media : The extension of Man,* Mc Graw-hill, 1964

ROBBINS Anthony, *Pouvoir illimité,* Robert Laffont, 1989.

TURCHET Philippe, *La Synergologie,* Les éditions de l'Homme, Montréal, 2000.

TURCHET Philippe, *Le Langage universel du corps,* Les éditions de l'Homme, Montréal, 2009.

WATZLAWICK Paul, *Une logique de la communication,* Seuil, 1967.

WATZLAWICK Paul, *Changements. Paradoxes et psychothérapie,* Seuil, 1975.

WATZLAWICK Paul, *Faites vous-même votre malheur,* Seuil, 1984.

WINKIN Yves, (dir.), *La Nouvelle Communication,* Seuil, coll. « Essais », 2000.

Communication et management

BERNE Éric, *Des jeux et des hommes,* Stock, 1964.

BONNANGE Claude et THOMAS Chantal, *Don Juan ou Pavlov,* Seuil, 1987.

CRIQUI Pierre-Louis et MATARASSO Éric, *Devenir maître négociateur, une approche nouvelle de la persuasion,* Les Presses du management, 1989.

FISHER Roger et URY William, *Comment réussir une négociation,* Seuil, 1982.

GIONO Jean, *L'Homme qui plantait des arbres,* Gallimard, 1983.

PORQUET Jean-Luc, *Le Faux-parler ou l'Art de la démagogie,* Balland, 1992.

Analyses pratiques et exercices

ANDRÉ Stéphane, *Le Secret des orateurs : portraits et conseils,* Éditions Stratégies, 2011.

BELLENGER Lionel, *L'Excellence à l'oral : développer son charisme,* ESF Éditeur, coll. « Formation permanente », 2005.

PATA Hervé, *Le Grand Livre de la technique vocale,* Eyrolles, 2014.

RABAULT René, *Diction et expression, exercices et exemples,* Librairie Théâtrale, 1987.

RONDELEUX Louis-Jacques, *Trouver sa voix,* Seuil, « Essais », 2004 (rééd.).

Table des encadrés

Index

Maquette et mise en page : Florian Hue

Dépôt légal : janvier 2022
Imprimé en Allemagne par BoD

www.ingramcontent.com/pod-product-compliance
Ingram Content Group UK Ltd.
Pitfield, Milton Keynes, MK11 3LW, UK
UKHW021044220726
13924UKWH00006B/2247

9 782212 562668